U0600608

动手实践
预见未来

孙希敏　于晓君　李辉◎主编

九州出版社
JIUZHOUPRESS

图书在版编目（CIP）数据

动手实践　预见未来 / 孙希敏，于晓君，李辉主编
. —北京：九州出版社，2021.8
　　ISBN 978-7-5225-0339-4

　　Ⅰ.①动… Ⅱ.①孙… ②于… ③李… Ⅲ.①手工课
—教学研究—小学 ②社会科学课—教学研究—小学 ③劳动
课—教学研究—小学 Ⅳ.①G623.92

中国版本图书馆CIP数据核字（2021）第149784号

动手实践　预见未来

作　　者	孙希敏　于晓君　李　辉　主编
责任编辑	安　安
出版发行	九州出版社
地　　址	北京市西城区阜外大街甲35号（100037）
发行电话	（010）68992190/3/5/6
网　　址	www.jiuzhoupress.com
印　　刷	炫彩（天津）印刷有限责任公司
开　　本	787毫米×1092毫米　16开
印　　张	18
字　　数	332千字
版　　次	2021年8月第1版
印　　次	2021年8月第1次印刷
书　　号	ISBN 978-7-5225-0339-4
定　　价	69.00元

★版权所有　侵权必究★

编委会名单

主　编：孙希敏　于晓君　李　辉

副主编：尹　耀　王雪梅

编　委：于晓君　王　亮　王　芳　孙丽波　丁鲁岩

　　　　宋伟萍　焉李辉　刘金花　毕蓓蓓　李梦竹

　　　　宫本香　李全刚　宋丽波　王永辉　于　军

　　　　王家春　沙晓军　辛秀峰　李晓东　王忠国

　　　　王大庆　丁　鑫　于　群　王晓燕　兰旭锋

　　　　郑阿芳　宋　言　李　霞　于　茎　王立娜

　　　　高　凤　杨　柳　陶庆敏　任宗军　李倩倩

前言

抓实劳动教育，培育时代新人

当前，人们的"生活圈"正在经历着巨大变化，社会发展更加复杂，生存环境更加多变，无人机日渐成为科技潮人的标配，发达的通信和交通让异地变得"近在咫尺"……"世易时移，变法宜矣"，以"教师为中心、课堂为中心、教材为中心"的社会教育教学迫切需要改革，日渐成为全社会的共识。在此背景之下，着眼于培养学生创新思维、实践能力的综合实践活动和劳动教育以国家必修课的"身份"出现在教育人的视野。

2018年9月，习近平总书记在全国教育大会上指出，"要努力构建德智体美劳全面培养的教育体系，形成更高水平的人才培养体系"。这不仅明确将劳动教育纳入培养社会主义建设者和接班人的总体要求，还从民族和国家发展的战略高度对深化教育改革、完善体系建设做出了重要部署。2020年3月，中共中央、国务院《关于全面加强新时代大中小学劳动教育的意见》颁布，同年7月教育部《大中小学劳动教育指导纲要（试行）》发布，把劳动教育、综合实践活动提高到前所未有的高度，为实践教育开辟了广阔的发展空间。

劳动教育为何如此备受党和国家的重视？"劳动最光荣"曾经是几代中国人的共识，参加劳动不仅可以使学生获得正确的劳动观念、劳动习惯、劳动情感、劳动精神，还可以帮助学生了解生产技术、掌握劳动技能并在劳动创造的过程中深刻理解"幸福是奋斗出来的"这句话的丰富内涵。众所周知，中小学阶段不仅是学生正确意识、良好习惯形成的关键期，也是认知水平、生活技能迅速发展的黄金期，从小抓好劳动教育既有利于培养学生良好的劳动素养，还有利于促进学生形成正确的世界观、人生观、价值观。

正所谓"理想很丰满，现实很骨感"，由于受多种因素影响，尤其是在应试教育的挤压下，我国多地中小学劳动教育在很长一段时间被边缘化、虚无化，其单一的内容和呆板的形式都难发挥实践育人的功能。久而久之，学生"四体不勤、五谷不分"的问题日渐突出，不珍惜劳动成果、不想劳动、不会劳动的现象成为新时代教育的隐忧。一系列政策、纲要的出台，为基层学校"把劳动教育纳入人才培养全过程，贯通小学、中学、大学各个学段，贯穿家庭、学校、社会各方面，与德育、智育、体育、美育相融合"明确了新的路径。乳山市主动作为，由市教体局牵头、教研中心负责将劳动教育纳入学校人才培养整体方案，组织中小学综合实践名师工作坊合力开发具有综合性、实践性、开放性、针对性的劳动教育课程体系，让劳动教育再次迎来了姹紫嫣红的春天。

按照"根据各学段特点，在大中小学设立劳动教育必修课程，系统加强劳动教育"的要求，编辑组博采众长，集思广益，编写此书。本书从学生身边的生活入手，强调"生态性、趣味性、实践性"，精心设计丰富多彩的活动内容，给学生提供形式多样的活动套餐，以真实多样的生活实践激发学生的参与兴趣，优化学生的生活习惯，练就学生的劳动技能。打破了学校课堂的"围墙"之围，引领学生以亲身体验真切感悟文化知识的生活价值，提升探知求新、发展自我的强烈求知欲。

本书分理论和资源两大篇章，充分体现了理论与实践的统一。由于劳动教育处于"摸着石头过河"的探索期，里面虽然都是一些成熟、成功的经验，但依旧有改进、完善的空间，希望广大教师在使用的过程中不断提出宝贵的意见和建议。同时，书中的一些实验及实践需要用到剪刀、电源、电器等，希望教师和家长严格按照符合学生使用规范的、安全性能高的标准准备相关器材，并与孩子一起参与，做好相关安全监护。

我们都是追梦人。在劳动教育的田野上，让我们一起深耕细作，收获美好的明天。

目录

理论篇

新时代实践育人的应对策略研究

2020年肆虐全球的新冠肺炎疫情，使学生在精神、心理、学习、习惯、能力等诸多方面出现了一些新的情况，也暴露出现行教育体制下中小学教学中存在的一些短板。比如，由于过度依赖课堂教学、追求书本知识传授，而淡化了生活化教育和实践育人，造成学生生活目标缺失、社会适应能力差，遇到困难惊惶无措，不善于动手解决，不善于合作探究，不善于创新研究等。

在全国教育大会上，习近平总书记指出，学校教育要在增强综合素质上下功夫，弘扬劳动精神，教育引导学生崇尚劳动、尊重劳动，懂得劳动最光荣、劳动最崇高、劳动最伟大、劳动最美丽的道理，长大后能够辛勤劳动、诚实劳动、创造性劳动。以劳动教育为切入点，全面提高新时代实践育人质量，成为综合实践学科研究的重要内容。

为此，我们结合制定"十四五"规划的有利时机，对教学进行了认真反思，并就如何依托综合实践学科的优势更好地落实"立德树人"的根本任务进行了深入研究。

一、课题引领，聚焦问题开展研究

由教研部门牵头，立项了《后疫情时代实践育人的应对策略研究》课题，做了整体框架设计，将实践育人分为精神育人、知识育人、生活育人三个基本版块。

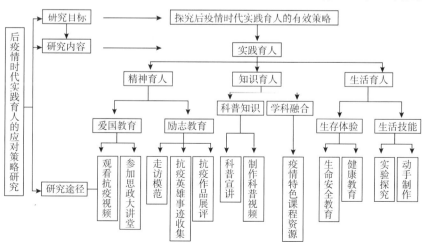

1.精神育人，凸显德育课程教学一体化。通过观看视频、举办思政课大讲堂等方式对学生进行爱国主义教育，引导学生在见证中国精神、中国力量、中国速度的同时，学习领悟习近平新时代中国特色社会主义思想，更好地了解中国共产党"人民至上""生命至上"的执政理念，了解社会主义制度集中力量办大事的优越性。通过走访模范、收集英雄故事、举办主题作品展等方式对学生进行励志教育，引导学生坚定理想信念，自觉践行社会主义核心价值观，做一个具有正能量、传播正能量的人，通过掌握真才实学，为社会的发展、人类的进步做出积极的贡献。

2.知识育人，发挥以文化人的教育职能。通过学科课堂教学，对学生进行传统文化、生活常识、劳动技能教育等，丰富学生的知识文化体系；组织师生进行科普宣讲、制作科普视频等方式，培养学生的科学精神和科学思维，养成学科学、用科学的习惯，充分体验知识的力量。通过开发、整理与疫情相关的系列课程资源，更好地强化实践教育与学科教学的融合，把"知行合一"落实、落地，让学生在"读万卷书"的同时"行万里路"。

3.生活育人，促进德智体美劳全面发展。通过加强生命安全教育、心理健康教育、劳动教育等，让学生有切身的生存体验，保持健全的人格、阳光的心态，提高抗挫折、抗打压的能力，掌握特殊情况下安全求生、自护自救的技巧。通过实验探究、动手制作等，提高学生的生活技能，丰富学生的生活常识，让学生学会从生活中获取知识和能力，在实践锻炼中不断健全心智，拥有一个有意义的幸福人生。

二、编写教材，方便学科教学使用

按照"理论与实践相结合"的要求，我们对综合实践活动优质资源进行遴选、完善的同时，又结合新课标要求和学科教学需要，开发了新的资源，形成了生活技能、手工制作、创意美食、非遗传承、趣味实验、玩转科技、劳动种植七个篇章，并由名师工作坊的骨干成员从理论方面对应地进行阐释和引领。

1.理论引领，明确学习要义，提升学生学科素养。理论源自实践，并用来指导实践，且在实践中得以丰富和发展。以《中小学综合实践活动课程指导纲要》为载体，按照篇章内容从理论引领、目标确立、资源开发、实践创新等角度，整体上介绍各个篇章的设计开发的意义、主要内容等，让学生了解学习这些劳动技能的重要性和必要性。

2.课例教学，明晰学习路径，帮助学生增才益智。每个实践教育活动都根据各自特点有机融入爱国主义教育、中华民族优秀传统文化教育、现代科技教育等，将涵养品德、启迪智慧与培养技能相结合，图文并茂，语言生动贴切，符合中小学阅读和认知特点。每节不仅活动背景、目标、重难点清晰明了，而且活动准备、过程与评价也都简单易懂，以自然的生活画面将童心导入学习情境，以此唤醒学生已有的生活经验和知识思维。

三、课程推进，提高实践育人水平

综合实践活动强调学生从活动、经验与行动中学习，是知与行的结合、动脑与动手的统一。在课程推进中，学校要依托其多样化、生活化的实践性学习方式，突破教材、课堂和学校的局限，在活动时空上向自然环境、学生的生活领域和社会活动领域延伸。

1.重视课程与学科课程有机融合。综合实践活动作为一门综合性课程与其他学科之间存在紧密的联系，更需要其他学科知识的支撑，因此在课程推进过程中，我们结合中小学生年龄特点和知识水平，分层次设置活动课程，循序渐进地进行学习活动。如玩转科技类课程，就需要物理、数学、信息技术等学科知识的支撑；创意美食类课程，就要以美术、生物、化学等学科知识为基础；劳动种植类课程，也离不开地理、历史等方面的知识。将综合实践课程与学科课程有机融合，不仅能促进学生在综合实践活动中运用和巩固学科知识，拓展所学知识，增长社会经验，还可以在活动中促使学生学习方式转变，进而学会学习。

2.重视以研究性学习活动为基础。学生基于自身兴趣和需要，在教师指导下，从社会突发事件和亲历生活中选择和确定研究主题。如"自制口罩"活动，就是疫情初期市场上口罩紧缺，教师便引导学生探究口罩的做法，并利用家中能找到的材料DIY简易口罩。学生在自制口罩的研究性学习过程中孕育了问题意识，通过亲自寻找和动手实践解决遇到的问题。研究的内容从学生的真实生活和发展需要出发，在生活情境中发现问题并转化为活动，因此就会产生更深刻的体验和感悟。同时，在探究过程中，随着研究的深入，学生可能对其他的关联知识产生兴趣，产生新的问题，继而又会衍生出新的探究主题。

综合实践作为一门深扎根于现实生活又与各个学科密切通融的"经验课程"，在实践育人方面有着"轻骑军"的独特优势。作为教研部门，我们立项《后疫情时代实践育人的策略研究》课题，带领全市优秀教师深挖内潜，在认真总结学生居家学习得失的同时，着眼于新时期基础教育的内涵发展和一线教学的实际需求，集思广益编制综合实践学科课程。

综合实践课程教材的编订，不仅是课题研究的重要成果，也为学科教学的规范化、科学化开展提供了重要保障。学校教师无论是线上还是线下教学都可使用，为地震、疫情等突发公共事件综合实践活动的开展提供了参考样本。

习生活技能 享生活乐趣

【理论引领】

生活技能是指人在生活中所需掌握的能够使自己独立生存的基本知识和基本能力。人民教育家陶行知曾提出"生活即教育"理论，倡导生活教学。他指出"教育的根本意义是生活之变化。生活无时不变，即生活无时不含有教育的意义"。他认为"生活的过程就是教育的过程，教育应该在种种生活中进行"。

综合实践活动所追求的目标是密切学生与生活的联系，发展学生对自然的关爱和对社会的责任感，尊重每一个学生发展的特殊需要，充分发展他们富有个性的综合修养。

以山东省教育厅《关于加强中小学生劳动教育开好综合实践活动课程的指导意见》为指导开发的生活技能系列资源，旨在培养学生的劳动观念和习惯，增强学生的生活自理意识，锻炼学生的意志品质，并促进学生综合素质的提高、学习和行为习惯的形成，增强自信心。

【目标确立】

在理论指导下，生活技能版块主要以生活技能教育的十项核心能力为依据进行设计，学生通过学习本版块内容具备自我认知能力，能够清晰地进行自我定位；掌握解决问题的方法与技巧，训练创造性思维和批判性思维，养成良好的生活习惯，激发热爱生活的情感。

资源面向学生完整的生活世界，引导学生从日常学习生活、社会生活或与大自然的接触中提出具有教育意义的活动主题，使学生获得关于自我、社会、自然的真实体验，建立学习与生活的有机联系。

【资源开发】

国家资源平台《遇到火灾怎么办》这一资源设计，充分体现了综合实践活动课程的四维目标，从最基本的生存技能出发，创设情境，引发学生的情感触动。拨打火警电话、探讨火场逃生的方法、向老师请教逃生办法等活动，较好地体现了学生的自主探究过程，学生感兴趣，探索积极性高。适当的媒体资源，把空洞的说教变成激发学生学习内驱力的有效手段。通过小组合作，使学生不仅能学会具体问题具体分析，还能培养热爱生活、乐观向上的生活态度及社会责任感。

为体现学生的主体地位，充分发挥学生的主观能动性和积极性，让学生充分参与到活动中，生活技能篇从以下四个方面开发资源：

一、以生活为基点，激发生活热情

在活动中教师要因人、因地、因时开发和利用日常资源，从学生的生活实际出发，将学生在生活、学习中产生的或引发的思考问题形成探究活动的主题，从而充分体现生活性、活动性及学生的主体性的特点。

《九宫格手机摄影》活动目标的设置，在活动过程中激发学生主动进行探究尝试，使他们乐于动手，积极解决问题，对美好生活充满激情。

二、紧扣生活热点，增强自护能力

当代的小学生，要有效处理生活中的种种要求和挑战，除了掌握最基本的衣、食、住、行等生活技能外，还要变消极避险为积极预防。教师平时对学生的安全教育习惯使用"不许""禁止""远离"等词语，在无形中剥夺了学生掌握生活技能的机会，是一种消极的避险方法。综合实践教育，可采取积极的预防方法，让学生通过自己动手实践增强自救自护的能力。

《打逃生结》一节，让学生在实践活动中学习逃生结的多种系法，掌握避险、逃生的技巧。在倡导提高全民生存自救能力的今天，学会打逃生绳结具有重要的现实意义。《自制消毒液》一节，由生活热点产生，学生运用身边可以使用的工具和材料，动手制作简易家庭消毒液。积极预防的过程，也是培养学生生活技能的过程。

三、贴近生活，学习技能

《勤劳小手巧洗衬衣》一节，遵循了"问题引入—学习探究—动手实践—体验感受—提升拓展"的认知规律，让学生在动手实践中掌握洗衬衣的方法和窍门，培养了"自己的事情自己做"的意识。《包书皮》一节，通过"想一想""探一探"让学生了解不同材料的特点，明确包书皮的大致步骤，"做一做""试一试""拓一拓"等系列活动，让学生在动手实践中掌握包书皮的基本包法和花式包法。一次次的花样翻新，增强了学生动手、动脑的能力，提高其自主探究、解决问题的水平。

四、找准生活切入点，培养创新思维

生活处处有创新，综合实践学科尤为注重培养学生认识新知识、解决新问题的

思维创新能力。《上衣的收纳》的资源设计，不是单一地传授叠衣服的方法，而是让学生从探索衣服用铁丝衣架挂久了容易出现"挂痕"的原因这一点切入，思考并动手将铁丝衣架改成"无痕衣架"。该活动开拓了学生的创新思维，提升了孩子的参与感、成就感和自信心。

【实践创新】

中共中央国务院《关于全面加强新时代大中小学劳动教育的意见》，要求把劳动教育纳入人才培养全过程，贯穿大中小学各学段，劳动教育需要从生活技能入手。学生生活技能的培养，可以家校联合，通过多途径开展课堂教学、课外拓展、社会实践等，对学生的生活技能进行训练，使所学技能在活动中得到有效延伸。从钉纽扣、叠衣服、系鞋带、刷鞋子、收拾个人物品这些必备基本能力，到美食烹饪、田间种植等高等级技能，使学生的综合素质在实践中得到提升。

"教育的根本意义是生活之变化。生活无时不变，即生活无时不含有教育的意义"，培养学生生活技能为学生终生发展奠定基础，激发学生终身爱生活的愿望，引导学生养成终生对生活负责任的态度，并具有基本的实践能力，从而具备规划人生的能力，切实夯实学会生存的价值基础。让我们走进生活，给综合实践活动课提供一个广阔的舞台！

巧手悦心灵　实践提素养

【理论引领】

手工制作是中小学劳动技术教育最常见的一般形式，也是综合实践活动课程的重要组成部分，它既能培养学生的动手动脑能力，又能提升他们的综合素养。

苏霍姆林斯基曾讲："手是思想的镜子，是智力才能发展的刺激物，是意识的伟大者，是指挥的创造者。""儿童的智慧在他的指尖上。"心理学家也一致认为手指是"智慧"的前哨，手的活动能促进大脑的发育。动手操作是学生主动学习和获得技能的重要方法，有利于培养学生的动手能力并促进智力发展，充分展现自己对周围生活的认识和情感，提高想象能力。通过一个个小制作，学生的动手能力、创造能力、发散性思维得到不同程度的提高。

【目标确立】

以手工制作为主要内容的综合实践活动一般适合在较短的时间内完成，它是由主题确定、活动实施和成果展示构成的一个完整过程。

手工制作内容范围较广，包括手工折纸、剪贴、刻纸、泥塑、陶艺、编结等。选材上也没有特别的限定，主要来源于生活，如：纸、绳、布、棉花、线、籽粒等，根据制作题材选择。

主题的开发具有较强的社会性和开放性，可以针对重大社会事件，结合地方特色，依托社区优势，聚焦身边的热点问题等进行合理开发。本教材手工制作的主题主要针对重大社会事件进行开发，以变废为宝为宗旨，从身边找材料找素材，经反复研究，确立了巧手制口罩、巧折彩虹伞、巧制星星灯、书签映隙曛、巧手缝沙包、奇思妙想粘贴画六个制作主题。以巧手制口罩为例，活动开发的背景就是疫情期间人们认识到戴口罩的重要性，可以用家中能找到的材料自制简易口罩作应急使用。

【资源开发】

一、课例引领，抛砖引玉

为了深化课堂教学研究，做好开发案例编写，教师通过智慧教育平台学习优秀课程资源，让学生了解手工制作类综合实践活动课的课堂教学结构。以市级优质课程资源立体贺卡制作为例，其活动目标：首先，在任务单的引领下，通过小组合作观察、思考、尝试，学生探究立体贺卡的制作方法；接着，在掌握立体贺卡的制作方法的基础上，通过小组合作创作立体贺卡，提高学生的想象、创新、动手操作能力，感受团结的力量，享受实践的乐趣，体验创造的快乐；最后，通过对作品展评和拓展，培养学生的审美情趣，提高创新意识，并启发学生学会感恩、传递祝福。

整个教学过程，紧紧围绕学生发展为本的教育理念设置教学目标和要求，运用了多种教学方法调动学生积极性，环环相扣，循序渐进。重视学生的实践操作过程，精心组织开放而有活力的课堂教学活动，充分调动学生积极参与、主动交流。教学过程采用现代教学手段，用课件呈现优秀作品，把艺术美引入课堂，扩展了学生的视野、增长了知识，为学生感受美、体验美、创造美提供了条件。学生通过猜谜语、听故事、欣赏、动手操作，感受贺卡文化。学生在课堂上大胆创新，发挥想象力，剪出了时代特色。课后教师提供4个网址，让学生通过上网看视频或者看图片的形式来学习、探究更多的立体贺卡的制作方法，打开探究之路。

二、开发模板，研磨过程

有了充分的理论指导，教师可集思广益，共同开发案例模板，对环节的构建、版面的设计等进行反复研磨，构建活动背景、活动目标、活动重难点、活动准备、活动过程、活动展示、活动反思等教学环节的模板。通过对活动过程的细化，精巧地设置成"你知道吗""想一想""做一做""学一学""试一试""拓一拓"等学中玩、玩中学的小版块，让活动更有特点、有新意，给人以清新舒畅、愉悦心灵的直视感。

手工制作案例的设计不仅要富有新意，更要凸显实效。本书开发的六个案例，将美术学科与劳动技术教育进行有效整合，较好地激发了学生参与的兴趣。学生制作的作品精致、个性化十足，达到了愉悦心灵、提升综合素养的目的。以《书签映隙曛》为例：活动前，学生上网搜集书签的来历、作用与种类，在探究中培养研究的兴趣。这不仅是制作技巧层面的问题，更是让学生掌握探究方法、提高综合能力的过程。在活动过程中，教师通过儿歌导入，让学生想一想、做一做、学一学，学习书签的常规和非常规装饰手法，多种方法给学生以启迪，培养学生的发散思维。学生在实践操作过程中，慢慢将设计意识、创造精神发展起来，用巧手愉悦心灵，通过剪、贴、撕、叠、画等多种形式，制作出与众不同的书签。在活动展示阶段，学生的书签创意新颖，有彩色硬纸制作的书签鲜艳夺目，有布贴制作的书签古朴优雅，有冰棍棒制作的书签美观独特，还有各种形式的书签让人赏心悦目，以实践来提升学生的综合素养，有效地达成了教学目标。

【实践创新】

手工制作实践活动课程的开发，虽经历了"为伊消得人憔悴"的艰辛，但更多地品尝到了"踏花归来马蹄香"的芬芳。今后教师将继续深入组织研发，使活动主题向纵深发展，不断丰富活动内容，拓展活动范围，提升学生的审美情趣和综合素养。

灵动指尖　创意美食

【理论引领】

中共中央国务院《关于深化教育改革全面推进素质教育的决定》指出："中小学要鼓励学生积极参加形式多样的课外实践活动，培养动手能力。"综合实践活动作为一门课程，不同于一般的学生课外活动，其活动的设计与实施必须围绕课程目标进行，注重引导学生在活动中提高技术意识、创新意识、工程思维和动手操作能力等。

著名美食家、作家蔡澜曾说："欣赏食物，会吃不会做，只能了解一半。真正懂得吃的人，一定要体验厨师的辛勤和心机，才能领略到吃的真髓。"因此，亲手制作美食，是真正了解食物的一个有效方法。在活动过程中，教师要鼓励学生手脑并用，灵活掌握、融会贯通各类知识和技巧，提高其技术操作水平、知识迁移水平、创新设计水平，体验工匠精神，提高审美能力和鉴赏能力。

【目标确定】

源远流长、博大精深的中华文化不仅凝聚于文物，它还有一个更有烟火味的载体——中华美食。古人云"民以食为天"。我国的饮食文化丰富多样，遍布各地，但一个共同的讲究，就是要"色香味俱全"。"色"就是要好看，"香"与"味"是强调好闻好吃，合起来就是既要好看又要好吃，眼福口福要共享。了解家乡美食，从而引发学生的情感共鸣，增添学生热爱美食、热爱传统文化的情感，同时引导学生培养正确良好的饮食观念。

【资源开发】

经查阅中国四大菜系特色美食的资料，学习国家级实践教学案例，我们明确了美食类综合实践活动课的教学结构。国家资源平台上的优秀教学资源《花色拼盘》，利用蔬菜瓜果的天然色彩在瓷盘内"作画"造型，构成自然美与艺术美的结合体，给人以视觉、触觉、味觉和艺术的享受。学校教学也要以实用为目的，设计造型优美逼真、色彩和谐自然、构思特点突出、人们喜闻乐见的花色拼盘。例如案例《孔雀开屏》，是一种立体雕刻与平面拼摆组合的拼盘，用萝卜雕刻孔雀头，用各种色素菜镶拼成开全屏，色调淡雅，搭配均称，立体感强。再如案例《创意早餐》，三只小猪也用鸡蛋、海苔进行配色，通过剪、包组合成色泽鲜明的卡通图案。花色拼盘运用简单食材制作高雅的艺术品，不仅使学生的个性得到充分的展露，而且提高了其审美情趣和艺术技巧。

整个教学过程主要围绕以下几个方面展开：

一、视觉引领，美感创新

中国菜肴的"色"，是指菜肴的造型创作和色彩配合，中国菜向来注重用食品天然色彩调色的，即利用蔬菜、肉食、水产品等食物本身具有的天然色彩进行调色。蔬菜水果的色彩很多，如红的有红枣、番茄、红薯、山楂、草莓、老南瓜等，黄的有玉米、黄豆、花生、杏、橘、橙、柑、柚等，紫的有茄子、紫葡萄、桑葚、李子等，白的有白菜、白萝卜等，黑的有黑芝麻、黑木耳等。案例中《花样饺子》的饺子皮，《果蔬彩面》的面，也都是利用天然色素做成的。

二、美味飘香，品味生活

案例《花样饺子》中饺子馅分为肉馅和素馅，常见的有猪肉葱头、羊肉茴香、牛肉葱头、鲅鱼韭菜、芹菜猪肉、茄子猪肉、萝卜猪肉、荠菜猪肉、三鲜等。和馅时将准备好的食材剁碎，加入适量的盐、耗油、料酒、十三香、葱姜蒜、味极鲜、食用油等搅拌均匀，包成大肚饺子、白菜饺子、蝴蝶蒸饺子等。而《创意早餐》和《缤纷果盘》更是清晨味蕾的提升。在动口之前，一般人的习惯总是先观色，再闻香，继而品味问名，眼睛、鼻子、嘴巴都得到了美的享受之后，心理精神上还要鉴赏菜名。耳朵也不能闲着，还得听菜的声音，有时候还听丝竹管弦之妙音。五官都得到了享受，才有美的愉悦和舒服，那才叫"食全食美"。案例《以花入馔》就是用玫瑰熬粥、桂花做糕。所谓不见其形，先闻其香，"闻其臭者，十步以外无不颐逐逐然"。

三、味蕾体验，乐享生活

综合实践课程锻炼的不仅是学生的动手创新能力，更是提高其生活技能的一种表现。民以食为天，创意美食篇就是在满足视觉和味蕾的生活需要。案例《美味面饼》制作过程想要快速发酵面团，我们可以利用蒸锅的热气，把盛放面团的盆子直接放入蒸锅中，让面团在温暖的环境中进行发酵，这样会增加发酵的速度，面也会发得又快又好。在调馅时，由于馅料多种多样，所以引导学生们大胆创新，制作出自己喜欢的特别馅料的美味面饼，让学生充分利用自己的动手能力，体验到劳动的快乐。

任何一品肴馔都会给人一定的口感，即它的理化属性给进食者的口腔触觉。从饮食审美的角度来认识这种口腔触觉，称之为"适口性"。我们可以细微和具体地分出酥、脆、松、硬、软、嫩、韧、烂、糯、柔、滑、爽、润、绵、沙、疲以及冷、凉、温、热、烫等不同的口感。美味的产生，取决于原料先天之质和烹调处理两个因素，从烹调角度说，就是取决于"火候"的利用和掌握。

【实践创新】

人间烟火味，最抚凡人心。有美食点缀的日子，一定是闪着光亮的；有美食相伴的日子，一定是美好动人的。在创意美食篇的课程实践中，教师不断引导学生发散思维，通过创意多种形式的美食，既有利于激发学生的创作能力，也有利于唤醒学生对于美食的热爱，使他们感受到生活的诗情画意，从而更加热爱实践活动。中华饮食文化经过五千年的历史演变，才有了今天的博大精深，需要我们慢慢探索其中的奥妙。

我是"非遗"小传人

【理论引领】

非物质文化遗产，是中华民族文化宝库中的灿烂瑰宝，承载着中华民族的文化血脉和文明精华，其丰富性、生动性与多样性既展现了中华文化的绚丽多姿，又在推动着中华文化的现代转化与创新。然而，随着现代化进程的加快和全球化浪潮的推进，人们的生活方式、价值观念以及文化生态环境发生巨大的转变，许多依靠"口传心授"的"非遗"面临传承渐现断层，失去了发展下去的根基。

我国自党的十八大以来，以习近平同志为核心的党中央高度重视中华优秀传统文化的历史传承与创新发展，倡导加强中华优秀传统文化教育。习近平总书记在多次讲话中都对此做出精辟论述：中华优秀传统文化是中华民族安身立命的基础，永续繁衍的血脉，加强中华优秀传统文化教育关系中华民族的"根"之所系与"魂"之所牵。

【目标确立】

非物质文化遗产作为中华优秀传统文化的重要组成部分，非遗的传承与发展是文化自信的重要体现。当代小学生既是"非遗"的参与者、享用者，同时也是传承者、创造者，不仅要胸怀天下、放眼世界，更应饮水思源、勿忘根本，真正了解非物质文化遗产，发自内心保护传承，积极传播优秀传统文化，建立文化自信，增强民族文化的认同感和自豪感。

【资源开发】

非物质文化遗产种类繁多，既包括传统口头文学以及作为其载体的语言，也包括传统美术、书法、音乐、舞蹈、戏剧、曲艺和杂技；既有传统技艺、医药和历法，也有传统礼仪、节庆等民俗，以及传统体育和游艺等。"非遗"传承篇所选案例凸显"非遗"的育人价值，内容上能够融合儿童生活情境，选择生活中常见的、看得到、摸得着的艺术，学生喜闻乐见、易于实践操作，使非物质文化遗产由外在传承走向内在文化共鸣。

一、体会"非遗"文化之美

"非遗"是美的物化形态和集中体现，是人类高尚情感的结晶，包含丰富的美的对象和创造美的过程。审美意识和审美活动是人类自原始时代就有的，许多"非遗"都具有较高的审美价值，成为孩子们发展自己创造力、想象力和审美力的基础。这些审美经验植根于我们民族的生活方式之中，千百年来深刻地影响着我们的价值观念、审美趣味以及艺术心理。案例《戏曲脸谱》通过绘制脸谱促进学生审美能力和艺术鉴赏能力的提升。脸谱不仅仅是简单生活原型，而是经过典型化的艺术提炼，包含巨大的思想性，有助于实现教育的"审美体验价值""文化传承价值"和"社会交往价值"。

"非遗"的审美价值不仅局限于艺术教育，还融合了社会美、自然美的美育手段。《葫芦烙画》和《鱼拓画》，都从"非遗"的艺术作品中欣赏、享受"美的形象"，感受不同地域、不同群体的美的创造力，有利于课程内容与学生日常生活的联系。通过"非遗"对"美的形象""美的过程"的鉴赏，着力提升儿童的审美认知力、审美感受力和审美创造力，使美育朝着本土化、多元化、生成化的方向发展，实现"非遗"的"生活艺术"传承与本土化美育互利共赢的局面。

二、让"非遗"文化"活起来"

"非遗"作为中华优秀传统文化中的"活态"精粹，不仅要传承下去，更重要的是让"非遗"文化"活起来"，通过不同的表现方式，把"非遗"背后的文化与生活衔接起来。《提线木偶联欢会》让孩子们在玩一玩、做一做、演一演的过程中，展现的不仅是制作技法，更是把他们的想法和生活感受融入表演当中，让木偶形象逼真、活动自如，能上天入地、腾云驾雾，具有"不是真人胜似真人"的效果，这就是一种活化。《花馍变形记》通过灵活运用揉、搓、压、合、夹、剪等制作方法赋予面鼠等小动物以生命，延续艺术与"非遗"的融会贯通，让花馍非遗文化"活起来"，以自身独特的魅力融入生活之中，展示着中国面食的博大精深。《小兔子钩织》用一根钩针、一条棉线编出花样千千万，惟妙惟肖的小兔子随着飞舞的钩针活灵活现，在探索和完成作品的过程中，学生们也会寻找到自身文化的源头和文化自信。

【实践创新】

我们的家乡乳山具有得天独厚的历史人文环境，我们以乡土教育理念为引领，将家乡的非遗项目融入学生的学习成长环境，以乡土艺术之美化育儿童心灵。学生通过亲身体验非遗手工制作，充分展示开拓创新、积极思考的能力，提高动手制作水平，从而激发认知传统、尊重传统、继承传统、弘扬传统的情怀，在潜移默化中建立起民族文化自信。

习近平总书记指出，优秀传统文化是中华民族永远不能离别的精神家园。"非遗"文化如璀璨明珠镶嵌在中华民族历史文化的苍穹，作为文化基因的纽带，家国情怀的相承，承载着深厚的故乡情、家国梦。"非遗"传承篇将"非遗"这一独具魅力的艺术形式和其传承中积淀的丰厚文化资源呈现给学生，让学生在愉悦的学习中了解中华民族千百年来在民俗、文化、艺术等方面的智慧和创意，深入地了解和亲近中华文化，感受非遗文化的深厚内涵，增强爱护"非遗文化"、保护中华文化的责任感，让祖国优秀的非遗文化及其基因在心中生根发芽，成长为具有中华品格和中华风骨的中国人。

源于生活，归于生活

【理论引领】

《中小学综合实践活动课程指导纲要》指出，综合实践活动是从学生的真实生活和发展需要出发，从生活情境中发现问题，转化为活动主题，通过探究、服务、制作、体验等方式，培养学生综合素质的跨学科实践性课程。

教育部教育装备研究与发展中心理科处处长刘强，用世界范围内的教育变革数据分析了当今教育的大环境，指出培养青少年科学素养与未来核心竞争力，必须通过顺应未来教育发展的趋势，开展培育科学思想、科学方法的特色综合实践活动来推进深度教育改革。而开展综合实践课程的总目标是学生能从个体生活、社会生活及与大自然的接触中获得丰富的实践经验，形成并逐步提升对自然、社会和自我的内在联系的整体认识，具有价值体认、责任担当、问题解决、创意物化等方面的意识和能力。

【目标确定】

教育来源于生活又回归于生活，生活和教育这两者是相互交织、相互渗透的。

趣味实验是一项源于生活、基于实践的操作性很强的活动。在趣味实验活动中要实现"源于生活，归于生活"这样的目标，就要做到活动选题要贴近生活，活动材料应源于生活，活动过程可模拟生活，活动结果需归于生活，从而真正做到综合实践教育与学生生活紧密融合。

【资源开发】

国家资源平台上的优秀教学资源《趣味家庭小实验表演课教学设计》中的趣味小实验都旨在让学生明白所学知识是与日常生活有着紧密联系的，要学会用所学知识去解决生活中的实际问题。

综合实践趣味实验小组认真借鉴国家级的优秀案例，遵循着"源于生活，又回归生活，追求智慧而富有创意的生活"的原则，从科学的视角去展示社会的可持续发展，用实践、技术、社会相联系的观点引导学生认识材料、能源、环境、健康与科学的关系，培养学生综合的科学观和对相关社会问题做出判断与决策的能力。本篇章中的六项活动，都是从学生的生活中提出科学问题，结合现实生活中的实际问题，引领学生运用科学知识和科学的思维方式去看待、分析与解决，并从中体验到科学实践的价值，在生动的生活实践中提高了实践创新能力。

毛细现象是生活中常见的自然现象，它给人们的日常生活带来了很多方便，没有它，人们甚至不能用毛巾擦脸，不能用酒精灯做实验，不能享受牛奶泡饼干的乐趣……但是，毛细现象也给人们的生活造成了诸多困扰，因为它，人们常常要忍受家居潮湿的烦恼。为此，实验小组设计了《会爬高的水》，旨在让学生掌握毛细现象相关知识的同时，提高利用所学知识解释生活中常见现象的能力，培养用知识服务生活的意识。

《中小学综合实践课程指导纲要》指出"综合实践课程是动态开放性课程，强调从学生的真实生活和发展需要出发，选择并确定活动主题"。基于此，《会魔法的温度计》从细处着眼，启发学生从"超市购物"这一寻常经历入手，去发现问题、提出问题——瓶装饮料为什么不装满？助燃学生主动探索、深入思考的火花。

《变软的鸡蛋壳》让学生不仅知道醋能使鸡蛋变成软皮蛋是因为鸡蛋中的碳酸钙与醋中的醋酸反应，从而使硬硬的鸡蛋壳消失，还知道鱼刺卡在嗓子里可以喝醋来解决、少年儿童不适合喝碳酸饮料、蛀牙的形成、水垢的去除等生活中的许多现象都可以用这一原理来解释，从而让他们意识到在以后的生活中要尽量做一名有心人，随时观察并记录生活中一些有趣的现象，并尝试寻找科学依据，用科学知识来武装自己的头脑、解释生活现象。

【实践创新】

教育部数学教育技术应用与创新研究中心主任助理、教授刘秀丰认为，综合实践活动课程是一种立体丰满的存在，而不是一种简单的单向授受，不是结论性知识的继承。因此，在课程实践中，我们探索着，如何以生活为视角，将综合实践活动的主题贯穿于学生与自然、学生与社会生活、学生与自我关系等各个层面，使综合实践活动的主题来源于学生的个体生活、自然生活和社会生活等各方面的生活领域，不仅用生活来教育，而且给生活以教育，进而为学生向前向上的生活需要而教育。

开拓创新思维，提高动手能力

【理论引领】

创意物化是《中小学综合实践活动课程指导纲要》的重要课程目标。学生通过在课堂上动手设计、亲身实践，灵活运用各种工具进行自主创新设计，掌握传统的基础工艺流程，亲手制作出实际物品呈现出来，不仅实现了对已有知识的积累和迁移的目的，还收到了在"玩"中探索、在"玩"中学习的良好成效。创意物化，既在实际操作中实现了学生对已有知识的积累和迁移，更彰显出中华民族伟大的创新精神。

"老师给孩子播种下怎样的种子，关乎他们一生的发展方向。"基于这一朴素认识，玩转科技组秉承"要让学生动手做科学，而不是用耳朵听科学"的思想，让每一名学生能自己动手，自由、开放地去探究、发现、再创造。

【目标确立】

本章中，玩转科技组围绕"创意物化"，通过理论学习及课例观摩进行实践探索。其中，山东省一师一优课《神奇的鸡蛋保护器》为我们提供了有益借鉴和指导。本课选择了学生常见的营养品——鸡蛋，提出了新颖有趣的探讨话题，激发出学生浓厚的探究欲望和学习积极性。老师从"提出问题—设计方案—探究实践—总结提升"四个方面设计教学流程，通过小组合作探究，自主动手制作等方式，让学生探究、制作、评价、创新，设计并制作出鸡蛋保护器，拓展了学生思维创新，也培养了学生动手操作能力。

通过玩转科技系列课程的实施，让学生学会收集生活中常见的材料和工具，立足科学原理进行创意设计，尝试运用多种方法对发明创造对象进行功能改进或重新设计，在自主完成制作的过程中为学生普及科技知识、培养科技意识、提高科技技能、增强科技思维。

【案例设计】

学生对综合实践活动有着浓厚的兴趣，喜欢动手操作，特别是小制作活动，能全身心地投入。山东省教育厅《关于加强中小学生劳动教育开好综合实践活动课程的指导意见》的指导下，玩转科技篇案例从以下两个方面开发设计案例：

一、挖掘创新意识，培养创新思维

培养学生的创新能力，是综合实践教学的最终目标，教师要善于引导学生敢于发表自己的见解，充分发挥其想象能力，捕捉其创新思维"一闪念"，挖掘学生创新潜能，参与创新活动。创新活动的核心是创新思维，培养学生的创新思维是培养学生创新能力的主要环节。创新性思维具有五个明显的特征：积极的求异性、敏锐的观察力、创造性的想象、独特的知识结构以及活跃的灵感。教师在教学过程中，要紧紧围绕这五个特征开展教学活动：通过种种直接观察，激发学生的求异思维；通过丰富的想象，提高学生举一反三、融会贯通的迁移能力；通过逻辑知识和创造知识的传授，丰富学生的知识结构；通过挖掘创新潜力和聪明才智，释放创新激情，活跃学生的创新灵感。

在案例《小台灯》中，我们将教学目标确立为"能够巧妙利用材料，将创新性、实用性与美观性完美结合"。引导学生主动发现问题，敢于发表自己的独到见解，对问题追根究底，从而使学习步步深入。此外，我们还利用问题递进进行思考拓展，如在案例《气球小汽车》中，我们设计了"拓一拓"：同学们还可以多动脑筋，对制作材料进行更灵活地利用，本着实用和美观的原则，进行大胆地创新，比如车身的材料不一定是板形材料，也可以是其他的材料，车轱辘可以尝试用塑料瓶的瓶盖或其他的圆形物品等。甚至还可以尝试把小汽车设计成水陆两用功能，等等。总之，在整个实践活动中，教师以问题为导向，带领学生以创新精神、创新思维，以剥洋葱的方式，对问题进行深入钻研，让普通的学生活动升级为能激发学生高阶思维的跨学科学习活动。

二、变革教学方法，提高动手能力

综合实践活动的开发与实施强调学生乐于探究、勤于动手和勇于实践，注重学生在实践性学习活动过程中的感受和体验，要求学生超越单一的接受性学习，亲身经历实践过程，体验实践活动，实现学习方式的变革。课堂中，"动手"是学生的主要活动形式，在教师营造的公平、合理的教学环境中，每个学生都能参与，共同实践，而老师则深入学生中间，对学生进行手把手的传授指导，并组织对学生的作品进行集体评选，肯定学生的作品，对实践成果进行表扬鼓励，让学生在实践中产生成就感，激发动手操作的积极性，使学生从被动学习变为主动学习。

《水火箭的设计与制作》案例中，提供了自主探究、实践操作式、亲身感受等多种学习方式，为学生创造了一个动手参与的气氛，尽可能让学生在系列的制作活动中去学习。《闪亮的五角星》则是让学生在掌握学习串联电路和并联电路的原理后，自己设计并制作五角星外壳，充分吸引、调动学生学习的积极性和兴趣，变被动为主动。在分析成功、失败原因，体验动手制作后，收获成功的喜悦。

【实践创新】

古希腊学者普罗塔戈说："头脑不是一个要被填满的容器，而是一束需要被点燃的火把。"玩转科技篇就是为学生留出的那一片创新与动手的天地，通过创意物化目标的达成，让学生们的智慧火把光芒四射、生生不息。

劳动是最美的果实

【理论引领】

《中共中央国务院关于全面加强新时代大中小学劳动教育的意见》中指出，劳动教育是中国特色社会主义教育制度的重要内容，直接决定社会主义建设者和接班人的劳动精神面貌，劳动价值取向和劳动技能水平。

苏联教育家苏霍姆林斯基曾认为，"劳动教育是对年轻一代参加社会生产的实际训练，同时也是德育、智育和美育的重要因素"。

在中国的现代教育史上，陶行知先生的生活教育思想的核心内容之一就是以生活为中心的教育，而对于什么是生活，他给出了简明扼要的定义——"劳动即生活"。

【目标确定】

劳动种植系列课程旨在给学生从小埋下热爱劳动的种子，消除不劳而获的错误认识，为学生的终身发展和人生幸福奠定基础。

在课程设置上，通过探究学习，制作体验等方式，着眼于学生力所能及的劳动，注重培养学生的劳动意识，提高学生的自我服务能力。

通过课例的开发，力求使学生能够学会使用简单的工具。初步掌握种植的一般方法，能够亲手种植几种农作物或花卉，体验劳动创造的价值。

【资源开发】

在《山东省小学综合实践活动课程实施方案》的指导下，我们设计了6个劳动种植案例，主要围绕以下几个方面进行设计。

1.首先明确案例设计的意义以及可操作性。劳动种植活动能够在系统的文化知识学习之外，将家庭、社会、教育相结合，培养学生正确的劳动价值观和良好劳动品质。我们从学生的真实生活和发展需要出发，提出"什么可以种植，用什么种植，怎样种植"的问题，通过自主探究，种植体验等方式，激发学生兴趣，使学生们在实践过程中获得成功体验。

2.作为劳动种植的关键要素，选择工具和材料，是本次活动的重要一环。根据种植需要，遵循安全要求，正确认识和使用种植中常用的工具、材料，如植物的种子、生根粉、多菌灵等。

3.学习劳动技能。在认识工具材料的基础上，进一步学习劳动种植的技能和技巧。劳动种植系列课例主要通过查阅资料、观摩视频等方式，让学生学习扦插、水培、盆栽、催芽等方法。案例《草莓的家庭种植》中，将目光放在了种子的萌发过程上，介绍草莓种子的获得途径、种子的催芽和移植方法，引导学生观察生活，感受时间在生命的萌发和成长中的作用。由此能够培养学生的耐心，磨炼他们的意志，使其感受劳动成果的得之不易。

4.重在劳动体验。在了解种植的整个过程后，请学生运用所学方法进行设计，并将设计方案付诸实践，将种植知识转化为生活技能。《种植多肉植物》中，选择了品种多样、造型可爱的多肉植物作为种植对象。与《草莓的家庭种植》不同，本课所介绍的盆栽方法简单，能够即刻获得完整的种植体验。在"拓一拓"环节中，植入了视频二维码，通过视频的方式分享知识，也引导学生们利用多媒体资源记录劳动和收获的过程。在整个过程中，鼓励学生用盆栽美化家庭环境，引导学生感受劳动美化生活、滋润心灵的作用。

5.记录成长过程，续写观察日记，分享劳动感悟。通过亲身参与，将自己的种植态度、种植技能及种植成果进行反思，并保存过程性资料，分享自己进行种植的心得体会。《盆栽蔬菜的种植》选择了最不起眼的植物根茎来进行种植，并把重点放在了对生命成长的观察和记录上，学生通过拍照片和写观察日记的方式来获得成就感。在分享中引导学生崇尚劳动、尊重劳动，培养学生良好的劳动品质。

6.分享劳动果实。蘑菇，是大家餐桌上的常客，《蘑菇的家庭种植》中，就从舌尖上的种植入手，介绍了什么是菌包，以及菌包从出菇到采摘的过程，并且鼓励大家通过烹制蘑菇来分享劳动成果，品尝劳动的美好滋味。在老师和家长的协助下，感受劳动是创造物质财富和精神财富的活动，树立成为伟大劳动者的理想。

【实践创新】

专家认为，学校教育一方面要将传统的劳动的育人价值挖掘出来；另一方面，劳动具备了新的样态、新的发展，劳动教育要把握时代特点，与时俱进。劳动种植在新时代中已经不再是单纯的"种瓜得瓜，种豆得豆"，而是在进行着"种植—收获—产品"的产业链发展。

在综合实践的劳动种植方面，我们就像一颗正在成长的幼苗，探索脚步尚在进行。以本地某学校开展的一系列劳动实践活动为例，教师带领学生从一颗麦粒开始，体验现代化的农业种植；去茶园听茶的故事，学习采茶、体验炒茶；去采摘葡萄、酿制葡萄酒……好的劳动实践是孩子们成长中清冽的茶香、醇厚的美酒，更是质朴与恬淡的生命底色。

作家莫里斯说："劳动是生命的法则，也是它最美的果实。"人们通过劳动种植固然可以收获蓬勃的生命和美好的果实，但劳动本身更是滋养生命的雨露。体验劳动、学习劳动，就是通过日积月累的点滴，来塑造人们深厚的品行。

在探索劳动教育的漫漫长路上，我们将且行且思，且思且行。也希望有更好的伙伴，能给予更多的支持！

资源篇

第一章　生活技能篇

　　著名教育家陶行知提出了"生活即教育"的理念，精辟地给我们阐释了"生活的过程即是学习的过程"这一道理。学生通过生活背景下的综合实践活动获得的体验，远比通过书籍学习的效果更佳，毕竟"纸上得来终觉浅，绝知此事要躬行"。

　　生活化的综合实践活动能够有效激发学生的学习兴趣，促使学生在实践中探索，学会透过事物的现象探究本质，从而在活动结束时"有所知、有所得、有所悟"。

　　本章是以生活为平台，科学合理地设计实践活动的内容，让学生在学习生活技能的同时，接受德育教育。本章本着从学生的实际出发的原则，设计的各种生活实践活动给学生以真实的体验与感受，尊重学生的生活经验，让学生在熟悉的环境中发现与求知。

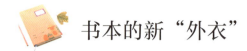

书本的新"外衣"

活动背景

　　书籍是我们的好朋友，为了保护自己的爱书，我们通常会去购买书皮。但买来的书皮有的时候使用起来不够方便，个别质量不合格的塑料书皮甚至会危害我们的健康。发掘身边可利用资源，自己设计制作书皮这项传统手艺越来越受到大家的青睐。它不仅环保、健康、时尚，而且能够在翻、折、勾画中提高动手、动脑和实践能力。

　　本活动旨在提高学生的自主探究意识、审美意识和实践操作能力，在掌握包书皮基本方法的同时，养成爱惜书本的良好习惯。

活动目标

　　1.通过观察体验，明确包书皮的目的是保护书籍，了解各种包装材质的特点，能够选择适宜的包装材料。

　　2.通过自主探究，掌握两种包书皮的方法，能够进行简单的装饰和设计，制作独具个性特点的花式书皮。

　　3.通过制作创意书皮，培养自主探究意识，体会劳动的快乐，提高动手实践和美化生活的能力，养成爱护书籍的良好习惯。

活动重难点

　　重点：掌握两种包书皮的基本步骤和方法。
　　难点：制作独具个性特点的花式书皮。

活动准备

　　牛皮纸、报纸、挂历纸、直尺、剪刀、胶棒、各种画笔等。

活动过程

"级级阶梯直顶点，此间知识待人开。"（打一字谜）

你猜到了吗？谜底揭晓：书。高尔基说："爱护书籍吧，它是知识的源泉。"我们要保护好自己的书本，包书皮是爱书人的最佳选择。

🔍 你知道吗？

对于70后和80后而言，学生时代最特别的记忆之一就是包书皮。当老师把崭新的书本发下来之后，大家放学回家第一件事就是包书皮。选什么做书皮，这里面的学问可不小，通常选用挂历纸的最多，因为挂历纸很漂亮。扯哪一页挂历，哪一块露出来最好看，成为孩子们最初的设计杰作。牛皮纸，尽管称不上美观，但非常结实，包出来的书皮，用一个学期绝对不会坏的，所以谁的书皮是用牛皮纸包的，也是一种荣耀呢！

包书皮的方法是多种多样的，有基本包法，有书的右边角上带三角形折角的，有的还有夹层能放书签……独具特色的包书皮一度成为孩子们炫耀的"资本"。

在更新换代中，传统纸质的包书皮方法，一度濒临消失，不用半分钟就可以包好的透明书套、书膜上位，受到家长和孩子们的喜爱。但近几年崇尚健康、环保的生活理念，让纸质包书皮再次回归大众的视野。丰富的包装材料、精美的封面设计让包书皮更具魅力。

亲爱的同学们，这样的包书皮会不会让你心动呢？

想一想

我们可以用哪些材质包书皮？不同材质的书皮有什么不同的特点？

包书皮常用的材料有白纸、海报、报纸、牛皮纸等，它们各有优缺点。

白纸：简洁但易脏。

海报：色彩艳丽但图案太花，不适合包学习用书。

报纸：环保但韧性不够，易磨损。

牛皮纸：环保、安全、有韧性。

探一探

请同学们观察下面两幅图，思考完成这样包书皮大致需要哪几步？自己动手探一探吧。

包书皮主要包括裁剪、折叠和设计封面三部分，其中折叠部分根据自己的设计需求可以灵活采用多种折法，无论运用何种折法都要尽量做到折叠平整。封面设计部分要求新颖、美观，文字醒目简洁。

🔍 做一做

为同学们推荐两种包书皮的方法，相信聪明的你一定能够很快学会的！

1.包书皮的基本做法

先将包书纸进行适当裁剪，长度为所包课本的两倍多一点，把课本书脊放在中间位置时，所包书本的上下右三条边各距纸张边缘约4厘米。

把课本放在合适位置后，接着把包书纸从左往右折过来，两边对齐。沿书本边缘压出折痕，前后都要压出上下左右四条线。

接下来在中线两边约2厘米处剪出斜口；把上下剪开的两个小梯形向上翻折，课本放在原先位置。

再把上下左右四条边沿折痕向内折，分别插入书本的封皮封底。为了让书本更平整，可以将包书纸的四个角向内折进去，并压平。

最后在书皮上写上书名、班级、姓名，运用画或剪贴的方法对书皮进行简单装饰美化。

温馨提示：书皮包好之后用几本厚书压上一段时间书皮会更平整。

2.包书皮的花式做法

首先，准备好一张足够大的包书纸，尺寸比例长大概是书高度的3倍，宽为书高度的2倍左右。

第二步，将书脊放在包书纸的中间，调整好位置。

第三步，把包书纸从左往右翻折过来，两边对齐，沿课本边缘压出折痕。

第四步，两边折起，分别包住封面和封底。

第五步，把封面封底中折进去的这一层再分别向外对折，注意边缘要对齐，完成之后如图6所示。

第六步，取出课本，展开，如图7所示。把包书纸水平翻转过来，上下边按折痕对折，接着将四个内角内折，如图8所示。

第七步，折好之后适当调整不够平整服帖的地方并压平，将书的封面和底面的四个角分别放入包书纸的四个内插角内固定。

最后一步，合上书，对包书皮进行装饰美化，一个带夹层的包书皮就完成了！

试一试

同学们，动起你的小巧手，选择自己喜欢的包书皮的方法设计并制作出美丽、实用的书皮吧。

制作完成后请同学们翻阅一下自己的包书皮，看看有哪些优点和不足，并尝试对不足加以改进。如：压痕是否平整？大小是否合适？书角是否牢固？

拓一拓

包书皮的方法还有很多，例如能最大限度地保护书角的"四角包书皮法"。在包装材料上也有很多选择，例如钩针包书皮、布艺包书皮等。同学们可以多查阅资料，学习更多包书皮的巧法、妙招，用心去发现身边可利用资源，用牛皮纸、挂历纸、宣传单页、无纺布等多种可利用的无毒无害材料，将自己的课本变成独特个性的创意作品！

四角包书皮

钩针包书皮

布艺包书皮

活动展示

下面让我们一起来欣赏同学们制作的精美包书皮吧。

"包书皮"设计制作评价量表

评价指标	选材适当	压痕平整	大小合适	书角牢固	封面美观
①	★★★★	★★★★	★★★★	★★★	★★★
②	★★★★	★★★★	★★★★	★★★★	★★★★
③	★★★★	★★★★	★★★★	★★★★	★★★★
④	★★★★	★★★★	★★★★	★★★★	★★★★
⑤	★★★	★★★★	★★★★	★★★	★★★★
⑥	★★★★	★★★★	★★★★	★★★★	★★★★

活动反思

发下新课本，包上新书皮是一项传统活动。本次实践活动以"包书皮"为主题，既传承了文化，又培养了学生自主探究的学习理念，引导学生在动手实践中熟练掌握了包书皮的方法，将爱书护书意识根植于心。

活动前期通过"想一想""探一探"让学生了解不同材料的特点，明确包书皮的大致步骤，为下一阶段活动的开展做好铺垫。这两项内容的习得是学生自主思考、自主探究、合作讨论完成的。后期"做一做""试一试""拓一拓"等系列活动，让学生在动手实践中掌握包书皮的基本包法和花式包法，给自己的课本设计制作出独具特色的包书皮。学生在兴趣的驱动下积极参与，成果精彩纷呈。

一次一次的花样翻新，能增强学生的动手动脑能力，提高其自主探究、解决问题的水平；一笔一画的勾勒设计，可培养学生的审美意识。一张一张的个性化书皮，承载着动手制作的乐趣。使用着套着新装的课本，相信学生一定会细心爱护。

乳山市乳山寨镇中心学校　王仁晓

生命之"结"我来打

活动背景

　　绳结在日常生活中无处不在，有的是为了装饰，有的则是以实用为主，用途很多。打绳结是一种常用的技能，在日常生活、商业、工业、维修等领域都被广泛应用。打逃生结是打绳结中的一种，在倡导提高全民族生存自救能力的今天，学会打逃生绳结具有重要的现实意义。

　　本活动旨在培养学生自主探究、动手实践的意识，让学生掌握打逃生结的方法，提高自救自护能力。

活动目标

　　1.通过自主探究和交流研讨，了解逃生结在生活中的广泛用途。

　　2.通过读图，初步掌握丁香结和渔夫结的打结方法，学习防灾自救的知识和方法。

　　3.通过参与活动，培养自主探究的意识，提高动手操作、自救自护及团队合作能力，形成珍爱生命的观念。

活动重难点

　　重点：正确打出丁香结和渔夫结。

　　难点：会读图掌握打绳结的方法。

活动准备

　　学生每人准备两条一米左右长的绳子。

活动过程

绳结不仅仅是一种美的形式和巧妙的结构展示，还是一种自然灵性和人文精神的表露，更是我们自救和救援的"生命之绳"。

你知道吗？

早在上古时期，原始人尚处在茹毛饮血的生存状态下，他们采来草、藤、竹，拧扭交结，用于穿系、捆扎果实、猎物。这时，最原始的结就产生了。东汉郑玄在《周易注》中写道："绳为约，事大，大结其绳；事小，小结其绳。"其意为：人们最早是用绳索打结的办法来记事的，"大事大结其绳，小事小结其绳"。后世的圣贤用文字取而代之。

古人打结

结

随着社会的进步，绳结在平时的生活中已经远远超越了它一般只用来绑紧物体的意义。平时用的攀岩、消防队员下山救人、外出露营搭帐篷……绳与结，已经跟我们的生活密不可分、融入我们生活的方方面面了。

想一想

案例 恩施父子俩凌晨突遇大火结绳逃生成功自救

2017年2月12日凌晨3时许，湖北省恩施州一民房起火，正在家中熟睡的黄先生被浓烟呛醒，面对大火他十分冷静，选择了结绳逃生。据悉，黄先生将绳子的一头固定在卧室桌子上抵在墙角以防滑动，绳子的另一头则牢牢系在儿子的腰上，慢慢地将儿子从窗户放到一楼安全区域；最后，他自己也沿着绳子攀爬而下。

（来源：楚天都市报）

如果你处在着火的大楼里，你会怎么做呢？

我们应该向案例中的父子俩学习什么？我们可以利用哪些东西打结逃生？

绳 索

床单、被套

窗 帘

如果你住在3楼以上，当被困火场，已无法从门口逃生时，家中如有一条又长又粗的绳子，那么可将绳子拴在大橱或者窗框上，沿着绳子攀援而下，帮助逃生。

如果家中没有现成的长绳索，可利用床单、被罩、窗帘等身边的物品，打结系成长绳逃生。今天就向大家介绍一些逃生结的打结法，为我们的生命安全增加一层保障。

探一探

你知道打逃生绳结有哪几种方法吗？

逃生结分为固定绳结和接绳绳结。

首先我们要把绳子拴在一个结实的地方，比如，暖气管道，床腿，餐桌腿……这就需要我们打一个用来固定的结。

1.固定绳结

固定绳结是将绳索一端直接固定在自然物体上的一种结绳方法。

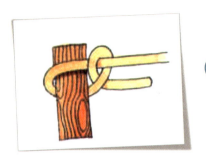

固定绳结的作用：能够将绳子的一端固定在牢固地方。

2.接绳绳结

在利用绳结逃生时，可能遇到绳索长度不够的情况，这就需要我们打一个用来连接绳子的结，也就是接绳绳结。

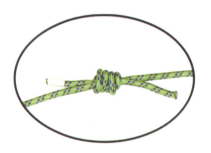

接绳绳结的作用：把几条较短的绳子接在一起变成长绳子，是一种越扯越紧的结。

连接好，固定住，顺着绳子向下滑的时候，最怕出现手滑，所以我们需要做好防滑工作！

也就是说，我们要想安全逃生，至少需要会打3种逃生结：一种用来固定，一种用来连接，一种用来防滑。

3.防滑结

这是欲紧急逃脱时使用的结，从高处下来，增加绳子的摩擦力，避免速度太快，磨破手，还可以让下降速度减缓。如果一根绳子即可垂直到地面，在下坠逃生时很容易因手滑而发生坠楼。因此，建议大家在救生绳上每隔几十厘米打一个单结，以便于攀爬。我们把这种绳结称作防滑结。

　　丁香结与渔人结的组合一般应用于高楼逃生。丁香结的作用是能够将绳子的一端固定在比较牢固的地方作为支撑点。而渔人结可以将几条较短的绳子接在一起变成长绳子，因为它越扯越紧的特性，所以在高楼逃生中安全性较高。如果没有能够支撑到逃生长度的绳子，能连接短绳的渔人结则是最佳选择。

固定绳结——丁香结

将绳索活端绕过木棒

活端压在绳索上，再环绕木棒一周

将活端向上从绳下穿过

将两环靠近再拉紧

活端方向与绳索固定部分方向相反。

你们学会了吗？我们根据图片来练习打丁香结吧。

接绳绳结——渔人结

将两条绳子的前端交互并列，其中一条绳子像卷住另一条绳子般打一个单结；

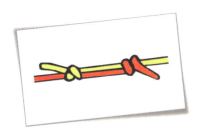
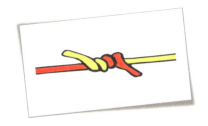

另一边也同样打上一个结　　　　　　　将两条绳端用力向两边拉紧

防滑结——连续单结

连续单结也叫防滑结，其特征是在一条绳子上连续打好几个单结。打法如下图所示，但若不熟练的话，结与结之间很难做成等间隔。

方法：

做第一个绳套，放在左手，再做第二个绳套，右手反握绳来做，压在第一个绳套底下，这就是双套；再做第三个绳套，压在第二个绳套底下，依次进行，将第一个绳套端绳头从绳套中间穿过去，然后拉住绳头甩开拉紧，连续单结就完成了

同学们，快来动手做一做吧！

🔍 拓一拓

不要小瞧绳结的作用，在野外遇险或是遇到地震、火灾等天灾人祸时，它们可能就成了你保命的法宝。除了我们上面学习的丁香结、渔人结、防滑结，你还知道其他绳结的打法吗？绳结的打法还有很多，我们一起来欣赏吧。

平　结　　　　　　　　接索结　　　　　　　　水　结

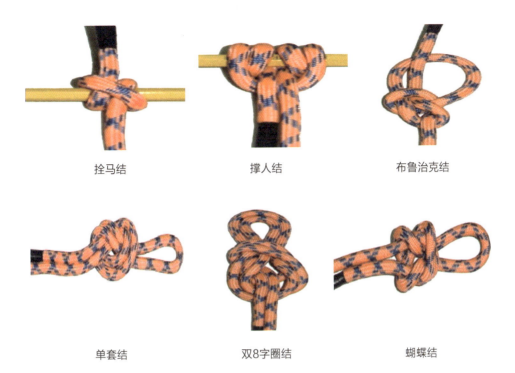

拴马结　　　　　　　撑人结　　　　　　布鲁治克结

单套结　　　　　　双8字圈结　　　　　　蝴蝶结

瞧！小小的绳结给我们的生活带来了方便，关键时刻还可以救我们于危险之中。其实，绳结的学问还多着呢！

同学们，绳结的世界精彩无限，等着我们大家去探索、去发现！

活动展示

评价指标	是否正确	牢固程度	读图能力	熟练程度
①	★★★★	★★★★	★★★★	★★★★
②	★★★★	★★★★	★★★★	★★★★
③	★★★★	★★★	★★★★	★★★
④	★★★★	★★★★	★★★★	★★★★
⑤	★★★★	★★★★	★★★★	★★★★
⑥	★★★★	★★★	★★★★	★★★★

活动反思

　　《打逃生结》是在综合实践活动课程理念引领下，教师精心设计的，从学生生活入手，用兴趣激发探究，应用研究性学习方法指导实践的生动案例。

　　本次活动设计目标体现了综合性，将"经历过程"和"学会方法"放在首位，与知识技能的获得同等重视，以准确的目标定位推进整个活动顺利开展。活动内容体现了研究性。研究性学习作为综合实践活动的灵魂，改变着学生的学习方式，是培养学生主动探究意识的切入口。教师从激发兴趣入手，展示绳结与人类文字发展的关系，让学生了解绳结的历史（结绳记事等），点燃学生主动探究的热情。挖掘生活中丰富的研究资源，感受绳结无处不在，用途广泛，让学生经历了研究性学习的整个过程。通过学习丁香结、渔夫结、防滑结的打法，激发学生探究的欲望，体验研究性学习的无穷乐趣，把研究性学习的尝试应用贯穿始终。

　　本次综合实践活动的设计，教师始终把活动方法的具体指导作为重点，强调关注学生的学与做，引导学生一步步经历研究性学习的过程。孩子们在实践的过程中感受到了动手的快乐，在动手操作中获得真知。学生主动探究，提高了自救自护能力，形成热爱生活、珍爱生命的态度及利用已有知识解决实际问题的意识和能力。

乳山市海阳所镇中心学校　宋娜

上衣巧收纳

活动背景

　　劳动作为一种多功能的教育手段，不仅是全面提高学生素质的重要途径，也是培养学生创造能力的重要措施，还是学生德智体美劳全面发展的重要条件。"上衣的收纳"这一课题属于家庭劳动的分类，家庭劳动能测量一个人最基本的生存能力，它不仅可以培养学生的劳动观念和习惯，还可以培养一个人的责任心。

　　本次活动旨在让学生了解家庭生活的技巧、养成自理、自立的生活习惯及对家庭的责任和义务，学会自己的事情自己做，培养学生热爱劳动、自立自强的品质。

活动目标

　　1.通过观察、思考，了解上衣款式、面料不同，收纳方法不同、收纳场合不同的上衣综合收纳方法；掌握挂放、叠放、卷放上衣的方法和技能，能总结适合各种上衣的收纳方法和各种方法的收纳场合。

　　2.通过探索毛衣等衣服用铁丝衣架挂久了出现"挂痕"的原因，思考并动手将铁丝衣架改成"无痕衣架"。

　　3.通过小组合作制作"无痕衣架"，培养学生的合作精神和团队意识；在活动中培养孩子的家庭责任感和义务感、懂得父母的辛苦、学会关心父母、体谅他人。

活动重难点

　　重点：上衣的叠放和卷放。

　　难点：无痕衣架的改造和卷衣服的方法。

活动准备

　　T恤衫、毛衣、衬衫、小刀、衣架、矿泉水瓶、考试垫板等。

活动过程

"关大门、关二门、抱一个、再抱一个、弯弯腰、放放好",小时候的叠衣服儿歌犹在耳畔,快来动脑对衣架改造,一起学习衣服的科学收纳吧!

🔍 你知道吗?

适当的家务劳动对我们的身心发展有很多好处呢!它们可以磨炼我们的意志、丰富我们的生活知识、发展我们的智力、增强我们的自信,会做家务的我们长大了参加工作也会更具有条理性呢!下面老师就来助你一臂之力,咱们一起来探讨"上衣的收纳"。

🔍 想一想

1. 观察衣柜,我们的衣柜可以划分哪几个区域?

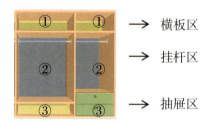

从这张图上看,①、②、③分别属于三个区域。我们可以给它们命名为:横板区、挂杆区和抽屉区。

2. 思考:挂杆区可以用什么收纳方法?挂杆区我们通常采用挂放的方法来收纳上衣。

🔍 试一试

1.试一试把家里的上衣用衣架挂起来吧！

2.挂放时需要注意什么问题呢？衣架要自下而上撑起来，这样可以避免领子扯变形。两开的衣服挂好后要系扣，避免拿取时掉落。

🔍 想一想

1. 我们家中有铁丝衣架、木质衣架、海绵衣架等。这些衣架有粗有细。平时挂衣服对衣架有没有选择？

我们在挂毛衣类、真丝类、羊毛类大衣要用宽的木质衣架和海绵衣架。

为什么这样选择呢？因为如果用细的铁丝衣架这些衣服在肩膀处有挂痕，但是木质衣架和海绵衣架是铁丝衣架的十倍价格。

2.我们能不能用家里不用的废弃材料自己做"无痕衣架"呢？

🔍 做一做

1. 先来想一想可以用到哪些材料吧。下图这些，可以给同学们参考。（包装泡沫、矿泉水瓶、废弃布条）

2. 咱们先来试一试用矿泉水瓶改造吧！先把铁丝衣架的肩膀处捏紧，然后将矿泉水瓶套在肩膀处。改造时要注意以下问题：

※从外观看可能会有下图两种铁丝衣架。一种带挂钩，一种不带挂钩。

※带挂钩的衣架更容易改造，我们可以在矿泉水瓶上划一道小口，让挂钩露在外面，不但挂钩可以用，还可以起到给矿泉水瓶固定的作用。

※矿泉水瓶改造法更适合容易成形的铁丝衣架。

※矿泉水瓶套上非常贴合、紧致，不容易掉落。"无痕衣架"制作成功。

※不易成型、弹性较大的铁丝衣架可缠上布条、包装气泡袋来改造成"无痕衣架"。

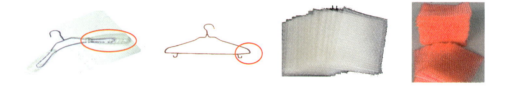

🔍 **想一想**

我们使用时会用到水瓶的下半部分，矿泉水瓶的剩余部分应该怎样处理？可不可以变废为宝呢？

🔍 **做一做**

试着根据图片来做一做吧。

解决了挂杆区，我们来想一想衣柜的横板区用什么收纳方法？（叠放）

🔍 **试一试**

试着用自己的方法把几件上衣叠起来。

你叠的这几件衣服放在一起和老师的图片有什么区别？我们的上衣是不同款式、不同大小的，怎样才能把这些大小不一、款式不同的上衣叠成同样大小叠放整齐呢？

🔍 学一学

让我们来学一学吧！

1.上衣背面朝上，整理平整。

2.将垫板与衣领对齐，放在上衣中间。

3.找出折叠线。

4.将衣袖两边向垫板处折叠，把上衣折成一个矩形。（长袖可以折叠在中间或者侧面）

5.将下半部分折上，最终成为一个长方形。

6.抽出垫板，将上衣反过来。

🔍 想一想

抽屉区平时收纳什么？平时收纳内衣和袜子之类的小物件。

抽屉的特点是什么？抽屉容量小。

我们可以用哪种方法收纳？我们可以用"卷放"的方法来收纳。

🔍 试一试

试着把自己的上衣"卷"起来吧！

你卷起来的上衣是一样长吗？拿取时是否容易散开？

学一学

让我们来学一种将不同的上衣卷成相同的长度，并且不容易散开的方法吧！

1.将上衣整理平整。

2.将下摆翻起约10cm。（估算为手掌宽度）

3.将上衣两边向内折叠，折叠成一个矩形。（估算为手掌的长度）

4.从衣领处将上衣慢慢卷起。

5.将翻起的衣边翻下，包裹卷起的上衣。

拓一拓

现在我们学习了三种不同的上衣收纳方法，也学习到了衣柜中的三种区域分别适合哪种收纳。那这三种方法在生活中分别适用的场合、适用的衣物、各自的优点是什么？

收纳方法	适用衣物	优点	适用场合
挂放	毛衣、外套 T恤、衬衣	衣服没有褶皱 便于拿取	当季穿着
叠放	毛衣、T恤 衬衣	衣服没有褶皱 衣柜整洁	当季穿着 换季收纳
卷放	毛衣、T恤	节省空间	换季收纳

活动展示

下面请同学们来欣赏一下这些收纳好的衣柜。

评价指标	是否分类	收纳方法得当	衣柜整齐	拿取方便	节省空间
①	★★★★	★★★	★★★★	★★★★	★★★
②	★★★★	★★★	★★★★	★★★	★★★
③	★★★	★★★★	★★★★	★★★★	★★★
④	★★★★	★★★★	★★★★	★★★★	★★★★
⑤	★★★★	★★★★	★★★★	★★★★	★★★★
⑥	★★★★	★★★★	★★★★	★★★★	★★★★

活动反思

　　劳动是创造世界、创造未来的根本，教育更应与其及社会实践相结合。劳动训练可以培养孩子自我管理能力，培养他们的责任感和良好的生活习惯，代替、限制劳动技能的发展不利于独立性和自我管理能力的培养。我们应为孩子创造一种环境和条件，对孩子进行早期劳动教育，让孩子做力所能及的事情，让孩子生成一双勤劳的手，使其终身受益。

　　本节综合实践活动课设立的活动主题是家务劳动——"上衣的收纳"。先由观察衣柜开始，划分衣柜区域，思考三种区域适合的上衣收纳方法，然后由挂放—叠放—卷放的顺序引导孩子们学习上衣的收纳方法，每一个收纳方法都不是单一的。挂放需要注意衣架的选择、套头上衣要自下而上挂、两开的上衣挂好后要系扣子；叠放要学习把不同大小的上衣借助"垫板"叠成相同大小；卷放要用手掌估算长度将上衣卷成相同长度，并且拿取时不容易松散。最后拓展环节整体思考三种方法适合的收纳场合以及各自的优点，从而更好地收纳衣柜中的上衣。

　　"民生在勤，勤则不匮"，热爱劳动是中华民族的优秀传统，绵延至今。孩子做家务既可以培育他们的劳动技能，可以训练他的观察力、理解力、应变能力。随着做家务越来越顺手，孩子的能力和自信心也也得到了培育和发展。当家务成了孩子日常生活的习惯，孩子也会有参与感、成就感和荣誉感，更重要的是，培养孩子对家庭有份责任心和归属感，协助他独立自主。

乳山市诸往镇中心学校　隋明红

勤劳小手 巧洗衬衣

日常生活中，每个人都会碰到穿的衣服沾上汗渍、菜汁、油污的情况，有时不小心还会蹭上墨汁、果汁、血迹等，令人十分烦恼。如何除去各种各样的污物，里面大有学问。洗衣服是一个人应该具备的最基本的生活技能，当代的部分小学生由于家长的溺爱，很少关注自己身边的事和生活问题，在许多学生身上都或多或少存在"饭来张口，衣来伸手"的现象。

本活动主题的确立是基于学生的直接经验，密切联系学生自身生活，引导学生培养劳动意识，锻炼学生自理自立的能力，加强对学生的感恩教育，培养学生对自己对家庭的责任感。

活动目标

1.通过活动，认识常见的衬衣质地标识和衬衣洗涤说明的标识，了解洗衬衣的步骤和注意事项。

2.通过动手操作，掌握衬衣正确的洗涤方法，探究衬衣清洗的小窍门，感受手洗衣服的乐趣。

3.培养动手能力和生活实践的能力，形成节水意识，养成从小爱劳动的习惯，激发对美好生活的向往。

活动重难点

重点：手洗衬衣的基本步骤和方法。

难点：衬衣领口和袖口重污地方的洗涤方法。

活动准备

衬衣、洗洁精、肥皂、小刷子、洗衣粉（洗衣液）、盐等。

活动过程

同学们，你们在家里帮爸爸、妈妈洗过衣服吗？衬衣你们洗过吗？曾有这样一句广告语：超能洗衣粉，让你爱上洗衣服的感觉。让我们动动小手，去感受一下洗衬衣的乐趣吧！

你知道吗？

同学们，衬衣在我们生活中很常见，那么关于衬衣，你知道多少呢？让我们一起来了解一下吧。

中国周代已有衬衫，称中衣，后称中单。汉代称近身的衫为厕腧，宋代已用衬衫之名，现称之为中式衬衫。在国外，公元前16世纪古埃及第18王朝已有衬衣，是无领、袖的束腰衣。14世纪诺曼底人穿的衬衣有领和袖头。到19世纪40年代，西式衬衣传入中国。衬衣最初多为男用，20世纪50年代渐被女子采用，现已成为常用服装之一。

衬衣的面料很多，常见的有纯棉面料、混纺面料、化纤面料、亚麻面料、羊毛面料、真丝面料等。每种面料都有各自的特点，我们可以根据不同的需要来选择。

🔍 想一想

同学们，凭你的日常生活经验，你觉得洗衣服主要有哪些步骤呢？

🔍 探一探

脏了的衬衣怎么洗？看看这些衣服是不是觉得无从下手？同学们不要慌，我们不妨先来探一探，做个小调查，再慢慢寻求解决问题的方法。

请在调查后完成下表。

内容	脏衬衣哪个部分最脏？	哪个部分相对干净？	对付污渍你有哪些经验？	向父母请教洗衬衣的方法有哪些？
我的发现				

🔍 学一学

同学们，我们知道洗衣服的步骤是：打水、浸泡、搓洗、冲洗、晾干。其实洗衬衣的步骤也是如此，不过洗衬衣也是有技巧的，我们一起来看看吧。

1.打水、浸泡阶段

在盆内放温水，倒入适量无磷洗衣粉或洗衣液（根据洗衣粉说明的量进行添加），用手搅动，使洗衣粉充分溶解，出现大量泡沫，将衬衣放入盆内，用手轻柔几下。让衣服在盆里泡15分钟，使污渍溶解在水中。

2."攻坚"阶段

衬衣最好手洗，这样可以避免对衣服过度伤害。衬衣领子和袖口极易脏污，是衬衣最脏的部分，并很难洗净。可在衣领和袖口处均匀地涂上洗涤剂，再用牙刷或小刷子刷，来回刷几遍就很干净了。

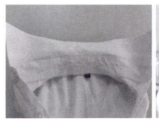

注意： 衣领的地方容易变形，不要太用力揉搓，洗多了领型不再挺括。

3.清洁阶段

接一盆清水，水量要稍多些，将衣服放入，用手稍用力揉洗，冲去衣服上的灰尘和泡沫。将衣服捞起，挤去衣服上的水。这个步骤可以根据实际情况多重复几次。

4.晾晒阶段

衣服晾晒前要用力抖开衣服，使其不要有褶皱，衣服会更平整，还要把衣服反过来晾晒（反晒为了保持衣物色泽鲜艳，防止正面泛黄，花色衣物也最好反晒）。

🔍 **想一想**

衬衣的晾晒也是有窍门的，想一想：怎样晾晒衬衣能够避免褶皱？

为了减少衬衣的褶皱，衬衣最好用竹竿穿着两只袖子晾，不能从领口经正身穿在竿上，以防止变形。也可以用衣架晾晒。

另外，晾晒衣服的时候并不是时间越长越好，不同面料的衬衣晾晒要求也不同：毛料衣服对日光的抵抗力较强，棉纤维对日光的耐受力稍微差一些，棉质衣物洗后虽可在日光下晒干，但宜及时收回。蚕丝最经不起日晒，故丝织品洗后宜阴干。在合成纤维中，腈纶织物最耐晒，氯纶涤纶稍次。锦纶最怕日晒，故用锦纶织成的衣服、袜子洗后都应阴干，不宜在阳光下久晒。

试一试

亲爱的同学们，通过我们的探究和学习，现在的你是不是跃跃欲试了呢？自己的事情自己做，自己的衣服自己洗，下面就让我们行动起来，让我们动手帮爸爸洗一洗衬衣吧！

探一探

同学们，在洗衬衣的过程中你遇到了什么困难？衬衣的领子和袖口是污渍最多，也是最难洗涤的，除了上面我们学习的方法，你能找出其他效果较好的方法吗？

其实，洗领子和袖口污渍的方法也不少，我们可以多进行尝试，将顽渍清除干净。

在衣领上先撒一些盐末，轻轻揉搓，然后再用肥皂清洗。因为多数人的衣领是被汗渍污染，汗液里含有蛋白质，在食盐溶液里很快溶解。

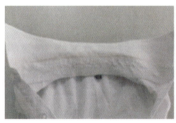

可以用洗发水涂于污迹处，再用刷子刷，或将剃须膏涂在污垢处，几分钟后再洗，效果会更好。

还可以取50ml无水酒精兑入100ml四氯化碳中，灌装在喷雾器里均匀地喷涂在脏斑上，用毛刷稍加拂拭，污垢便可除去。待药液挥发后，再将衬衫按常规洗涤，即可获得满意的清洁效果。

拓一拓

白色衬衣放久或洗多了容易发黄，怎样能够变白？

◆滴墨水法：在一盆干净的凉水中，滴3～5滴纯蓝墨水，用手搅匀，然后把洗漂干净的白衬衫放进水中，上下提拉3～5次，捞出晾干。

◆加双氧水法：漂白丝、毛织物，可用3%浓度的双氧水，液量为织物重量的10倍，另加少许氨水使其带弱碱性，在一般室温下浸漂5～10小时后，洗净晾干。

◆加柠檬汁法：洗白色丝织物时，在水里加点柠檬汁，可使衣物更加洁白。

◆脱脂牛奶浸泡法：在洗白色丝织物前用脱脂牛奶泡一下，或最后一次漂洗时在水里加2汤匙牛奶，可保持白色丝织物的本色，防止其变黄。

◆萝卜汤洗涤法：白衣物如污垢较多，可用萝卜汤来洗，可洁白如新。

◆橘皮水浸泡法：洗涤白色衣物时，可将橘皮放入锅里加热烧沸，用那黄色汤水浸泡、搓洗衣服，便可使衣物洁白如新。巧洗白色衣物为了使白衬衫更洁白，在洗涤时，可在泡好的洗衣粉溶液中，加上漂白粉，浸泡20～30分钟以后再清洗。

活动展示

我们一起来看看小伙伴们的表现吧！

评价指标	整体清洁度	领袖清洁度	晾晒效果
①	★★★★	★★★★	★★★★
②	★★★★	★★★★	★★★★
③	★★★★	★★★	★★★★

活动反思

　　本活动主题的确立是基于学生的直接经验，密切联系学生自身生活和社会生活，建立在学生能够自己清洗衣物的同时，提升自己动手实践的能力，学习衬衣的清洗技巧与方法，从而引导学生帮助家长分担家务，培养责任感和劳动意识，锻炼学生自理自立的能力，加强对学生的感恩教育，培养学生对自己对家庭的责任感。

　　活动前准备了脏衣服以及洗刷用品都是学生平时所常见到的，比较熟悉的东西，在准备物品的同时，可以了解手洗衣服的常用工具和洗涤步骤。活动中遵循了问题引入—学习探究—动手实践—体验感受—提升拓展的学习认知规律，让学生在动手实践中掌握洗衬衣的正确方法和小窍门，兴趣引领学生积极参与，学生乐在其中，活动效果明显。

　　孩子们在参与的过程中得到了动手的快乐，通过开展学习洗衬衣的活动，掌握衬衣的洗涤方式，树立劳动最光荣的思想意识。以学习洗衬衣活动为依托，培养了生活自理的能力，培养了责任感、自信心以及自己处理问题的能力，让学生有了热爱劳动，热爱生活的态度，积极参与实践的精神和利用已有知识解决问题的意识和能力。

乳山市崖子镇中心学校　高平

 # 九宫格手机摄影

活动背景

　　随着科技的飞速发展，手机功能日益向"智能化、全能化"发展。在"全民摄影"的今天，手机已成为人们日常生活中不可或缺的拍摄工具。众所周知，拍照作为手机的一项功能越来越被人们所喜爱，它方便快捷，不用设置太多的参数，随时可以将生活中的精彩记录下来，让瞬间成为永恒并能随手分享。

　　本活动旨在培养学生自主探究兴趣和能力，让学生掌握手机九宫格摄影的技巧和方法，并能够使用手机进行简单的居家命题拍摄。

活动目标

　　1.通过自主探究活动，初步了解手机九宫格摄影取景、拍摄的基本技巧。

　　2.掌握手机九宫格的设置方法和摄影技巧，并能在生活中灵活运用九宫格摄影技巧进行拍摄。

　　3.通过动手操作，培养学生自主探究意识和热爱生活的态度，提高审美及利用已有知识解决问题的意识和能力。

活动重难点

　　重点：掌握九宫格摄影的基本步骤和方法。

　　难点：掌握九宫格摄影取景的基本技巧。

活动准备

　　手机或平板电脑

活动过程

"横平竖直，线上点旁；一二三样，拉近摆放；拍哪指哪，加光减光。"这是练字的口诀吗？No，这是手机九宫格拍照的技巧要领，想用手机拍出大片吗？下面就开启我们的手机摄影之旅！

🔍 你知道吗？

照相机是用感光胶片反景物拍摄下来的摄影器材。我国战国时期的墨子最早在《墨经》中记载针孔成像的原理，在16世纪文艺复兴时期，欧洲出现了供绘画用的"成像暗箱"，1839年法国画家达盖尔公布了他发明的"达盖尔银版摄影术"，于是世界上诞生了第一台可携式木箱照相机。照相机于1846年引进中国，从而诞生了我国第一张照片《耆英像》。

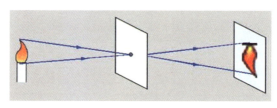

小孔成像

成像暗箱　　　　　第一台可携式木箱照相机　　　　　耆英像

现在，我们家里的相机由胶片相机更换为小巧、方便的数码相机，人们生活质量不断提升，很多同学家里又购置了单反相机，拍摄效果更加专业。

相信很多同学都用手机拍过照片吧。有的同学说，"手机拍照太简单了。"其实拍好照片还真不是一件容易的事呢。

🔍 试一试

请用你的手机，拍一拍"家里最美的一角"。你们对自己拍摄的作品满意吗？

下面让我们先来欣赏两张照片。

这两张照片都想表现可爱的小狗，你觉得哪张好，为什么？

相信很多同学会说第一张好，是的，因为第一张能够鲜明的表示出小狗活泼、可爱的主题。摄影时我们想要拍摄的东西，就是拍摄的主体，第一张照片主体小狗突出，而第二张照片杂乱的背景分散了我们的注意力，小狗这一主体并不突出，可见好的照片主题一定要鲜明，主体要突出，背景要简洁。比如当我们想表现种子生命力顽强，可以拍破土而出的画面。

好的照片就像好的文章一样，让人们知道你想表现的是什么，表达的主题是什么，体现的主体是什么。

🔍 **探一探**

第一张图片的小狗，不但主体突出，并且它还用到了一种常见的构图方式。仔细观察这两张照片，你见过这种构图方式吗？你知道这种构图方式的名字吗？

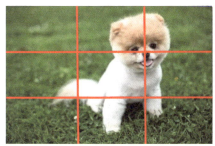

请观察后完成下表。

内容	主体	线的条数	照片分成几部分	各部分大小关系
你发现了什么?				

一张照片的画面安排，我们称之为"构图"，构图用来表达摄影者的意图和目的。通过观察可以发现，整张画面是由9个格子组成，我们称它为"九宫格构图"。九宫格构图，是最基本、渊源最长的构图方法，如果把画面当作一个有边框的面积，把左、右、上、下四个边都分成三等分，然后用直线把这些对应的点连起来，画面中就构成一个井字，画面面积分成相等的九个方格，井字的四个交叉点就是趣味中心，也叫"格点"，这四条线就叫格线。今天，就让我们一起来学习这种最基本的构图——九宫格构图。

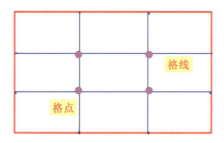

🔍 **做一做**

手机照相功能，并不是一打开来就是九宫格模式，你能尝试自己将九宫格模式打开吗?

方法一：打开手机拍照功能，找到"设置"，然后打开"参考线"功能即可。

方法二：打开手机"设置"，向下翻滚找到"相机"，找到"网格"打开。

想一想

我们来欣赏几张照片，通过照片欣赏，你能发现用九宫格摄影，拍摄主体放在什么位置呢？拍照时怎样做才能够把主体放在你想放的位置？构图要遵循什么原则？

我们可以发现，九宫格中四条线的交汇点，是人类眼睛最敏感的地方，不管横拍还是竖拍，主体在井字的交叉点上或线上，这样拍出来的照片更好看。

九宫格构图应用广泛，多应用于风景、人像、动植物的拍摄等，构图时既要简洁，又要巧妙。主体在画面上的位置、大小，我们可以通过调整手机与主体间的距离来实现。这种构图能呈现变化与动感，画面富有活力，这四个趣味中心也有不同的视觉感应，上方两点动感就比下方的强，左面比右面强。

构图原则：

1.左上单点构图：在拍摄花卉等较小景物时，我们可以选择左上单点构图，这种构图相对比较符合人们的视觉习惯，下图中，主体花朵位于左上交叉点，画面分布较为简单，布局很美，主次分明。

2.左下单点构图：为了将天空较好的收进画面中，拍出广袤天空，增加画面空间感，我们可以选择左下单点构图，这种构图方法，在拍摄水面、地面上的主体时，较为合适。

3.右上单点构图：这种构图的使用也较为频繁，在主体下方可以展现更多细节的时候，是使用右上单点构图的绝佳时机，同时这种构图方法可以有效地规避右上方的杂乱画面。

4.右下单点构图：相对来说运用的较少，从视觉习惯上讲，右下角是最后的交叉点，所以这种构图往往可以带来极佳的艺术效果。

🔍 拍一拍

同学们，请拿出你的手机，用九宫格构图拍摄美丽的照片吧。

> 【温馨提示】
>
> 1.确定主题，选择合适的拍摄主体；
>
> 2.拍摄时要考虑九宫格构图的运用；
>
> 3.拍摄时根据构图原则，选择合理的主体位置。

🔍 拓一拓

摄影无定法，除了九宫格构图，还有很多构图的方式，例如对称构图、低角度构图、对角线构图等等，同学们可以多查阅资料，学习更多的拍摄技巧，用我们的手机拍摄出更精美的照片，让我们在生活中发现美，在照片中体现美。

低角度构图

对角线构图

对称构图

感兴趣的同学可以上网自主学习更多的构图技巧，使自己真正成为摄影达人。

活动展示

下面我们一起欣赏同学们拍摄的精美照片吧。

评价指标	主体突出	主题明确	构图技巧	色彩搭配
①	★★★★	★★★★	★★★	★★★
②	★★★★	★★★★	★★★★	★★★★
③	★★★★	★★★★	★★★★	★★★★
④	★★★	★★★★	★★★★	★★★★
⑤	★★★★	★★★★	★★★★	★★★★
⑥	★★★★	★★★★	★★★★	★★★★

活动反思

本活动顺应全民摄影的时代需求，教学生初步了解手机摄影的相关知识，掌握必备的九宫格手机摄影知识与技巧，感受摄影艺术的魅力，提高分析问题、解决问题的综合能力。同时，在活动的过程中增进相互之间的合作和交流，并在"动"中体验快乐，在"动"中获得真知。

活动前学生准备轻便的手机或平板电脑，活动主要分理论学习和实际操作两个阶段。理论学习阶段，教师通过图片引导，让学生探究学习了摄影的主体、主题的确定及九宫格构图的技巧。采用多种教学手段，灵活应用多种教学方法，使学生积极参与到课堂教学中，既逐步提高了欣赏评述能力，发展了审美情趣，又激发了热爱摄影、热爱生活的积极情感。实际操作阶段，学生拿起手机，对身边的物品进行九宫格构图拍摄，通过实践进一步掌握九宫格摄影的构图原则。拍摄时不仅能锻炼观察、分析等综合能力，还能灵活运用自己掌握的知识与方法对照片进行采集。活动结束后，教师对学生的作品进行展示，并从不同的角度对成果进行多元化评价，最大限度地拓宽了学生的思维，使活动充满生机、活力和情趣。

这次活动将自主探索与师生共同活动相结合，学生通过多思考、多动手、多实践，以九宫格手机摄影为引领，以"兴趣作舟"去探究更多的手机拍照技巧，培养热爱生活的态度，提高利用已有知识解决问题的能力。

乳山市大孤山镇中心学校　王芳

乳山市育黎镇中心学校　郑小楠

DIY家庭消毒液

活动背景

随着生活水平的提高，人们的卫生健康意识不断增强，防范疾病的认识和能力逐步提高。家庭消毒是防范家庭发生疾病、传染病的有效措施，特别是新冠状病毒疫情暴发以来，人们对家庭消毒的重视程度更加突出。目前消毒液的种类繁多，适用范围也有所不同，学生对家庭消毒液的认识和使用知识淡薄。

本活动旨在强化学生对家庭消毒液使用范围的认识，通过身边易于收集和购买的材料制作消毒液，培养学生的探究能力和动手实践能力。

活动目标

1.了解常用的家庭消毒液种类及其使用范围、注意事宜。

2.动手制作简易家庭消毒液，探究多种家庭消毒液的制作方法。

3.使用制作好的消毒液进行家庭消毒，体验消毒效果，培养热爱劳动、热爱生活的意识和习惯。

活动重难点

重点：制作简易家庭消毒液的方法和步骤。

难点：探究多种家庭常用的消毒液制作方法。

活动准备

玻璃容器、玻璃喷雾瓶、浓度95%的酒精、水、60ml洗涤苏打或小苏打。

活动过程

孩子们，细菌和病毒无处不在，消毒液为我们的生活与健康提供了保障，让我们一起走进消毒液的世界，动手制作简易的消毒液吧，让我们用自制的消毒液为家庭成员的健康保驾护航！

你知道吗？

在日常生活中应该做好对病毒的预防措施，尤其是在家中更应加强注意，我们一天当中会有一半的时间在家中渡过。你知道家庭中常用到的消毒液的种类及其适用范围和注意的问题吗？

1.84消毒液、过氧乙酸：主要用于医院等公共场所的地面、墙壁、门窗等处的消毒，腐蚀性比较强，不适合家用。可以用0.5%的过氧乙酸溶液对汽车车厢消毒，家用洗衣机每两三个月可以用84消毒液消毒一次。

2.滴露、来苏水：比较适合家用，可杀灭细菌。一般洗衣机一滚筒水中加入3~5滴即可。还可加水配成1%~5%的溶液，将衣服、被单放在其中浸泡半小时到一小时再用水清洗。也可配成1%~3%的溶液，用来擦拭室内家具、地板。

3.乙醇、碘伏、白醋：乙醇（75%酒精）、碘伏主要用于皮肤伤损，可用棉签沾湿擦拭伤处。

4.漂白粉：1%到3%的漂白粉配制的液体可以用于喷洒或擦拭浴室、厕所；0.5%的漂白粉液还可以浸泡碗杯、痰盂、便盆及污染的衣物等。

5.高锰酸钾：适合用于瓜果、蔬菜的消毒，但浸泡的时间必须在5分钟以上。

想一想

我们家中哪些地方需要进行消毒？平时妈妈都用什么消毒液、采用什么方式对它们进行消毒？请根据自己的家庭情况写一写。

需要消毒的地方	使用的消毒液种类	消毒方式

通过观察，我们可以发现平时妈妈都是通过购买成品的消毒液对物品进行消毒，新冠疫情突发时期，各种消毒物品紧缺，为了我们的健康，我们可以利用便于购买的物品来自制消毒液，下面就让我们一起来探究一下。

🔍 议一议

家庭中我们主要对厨房、地面、洗手间进行消毒，你能说说我们要想自己去制作家用的消毒液，需要准备哪些物品吗？

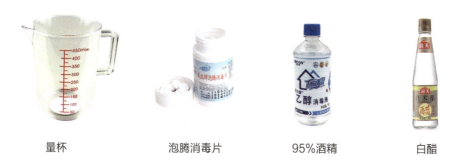

| 量杯 | 泡腾消毒片 | 95%酒精 | 白醋 |

我们知道75%的酒精适用于新冠病毒的消毒，如果药店75%酒精已经卖完，你知道我们可以用什么来制作75%的酒精吗？怎样制作？

🔍 学一学

1.用95%酒精制作75%酒精的方法：

（1）计算。

配置75%的酒精的计算方法，100ml 95%的酒精有95ml的酒精和5ml的水

95% ÷（X+5）ml=75% ÷ 100 ml　　　X=121.666666667

（2）用量筒量取100ml 95%的酒精。

（3）将100ml 95%的酒精放入烧杯，然后用量筒量取121.6ml的蒸馏水倒入烧杯搅拌匀即可.

注：蒸馏水，就是水烧开以后水蒸气凝结成的水。

> **温馨提示：** 因95%酒精是高浓度酒精，酒精具有挥发性和易燃性，制作和使用时，不可喷雾，而且一定要远离火种，密封保存。可以用于地面、马桶、居家物品的消毒。

2.厨房消毒液制作方法：

为了有效杀灭厨具上的细菌，并减少化学物质对人体的伤害，我们可以利用白醋和水制作消毒液，方法如下：白醋和水采用1∶1的比例进行调试，用调试好的消毒液进行厨具的擦拭，可以有效杀灭厨具上的细菌。

3.酒精小苏打消毒液制作方法：

地面和浴室可以用酒精小苏打消毒液，配制方法：将200ml水和60ml小苏打倒入一个容器中，搅拌以溶解小苏打，然后加入100ml的95%医用酒精。搅拌混合，然后倒入玻璃喷雾瓶中。使用前先摇一摇让液体充分融合，对需要消毒的物体表面进行喷涂，静止10分钟后使用干抹布擦除。

> **温馨提示：** 此为稀释过的酒精，酒精浓度约为26%，能杀灭普通细菌，不易点燃，安全隐患较低。小苏打是一种附加添加剂，目的是为了更好地清洁和消毒物体表面。

4.泡腾片消毒液制作方法：

泡腾消毒片的主要成分是二氧化氯，配制方法：取4000ml水投放1片泡腾消毒片，适用于衣物、地面、物品的浸泡、擦拭和喷洒。

温馨提示：二氧化氯对金属有腐蚀性，配制时使用的器具最好是塑料盆，并要佩戴橡胶手套，使用时应该保证环境通风透气状态，不要在闭塞的环境下使用。

🔍 做一做

利用自己准备的物品自制消毒液，并对物品等进行消毒。

温馨提示：大多消毒液所散发出的气体带有刺激性，有的达到一定浓度时遇明火可燃、可爆，因此，在制作或使用家庭消毒液时，要戴好口罩，并注意防火，另外很多消毒剂带有腐蚀性，储存时要用玻璃容器储存，不要对着人、衣物喷洒使用。

🔍 拓一拓

1.目前，很多家庭、学校等单位使用威巴克消毒液进行消毒，你知道它的主要成分是什么吗？它与84消毒液的主要成分有什么不同？

2.当前消毒液的种类很多，你还知道哪些简易的家庭消毒液的制作方法？

威巴克消毒液的主要成分	84消毒液的主要成分	哪种对于家庭使用更安全？
你还知道哪些家庭消毒液的制作方法？		

3.除了上述几种消毒液的制作，84消毒液我们也可以自制，感兴趣的同学可以自主学习具体的制作方法。

活动展示

下面让我们一起欣赏同学们制作家庭消毒液的照片吧。

评价指标	物品准备	配制方法	配制效果
①	★★★★	★★★★	★★★★
②	★★★★	★★★★	★★★★
③	★★★	★★★★	★★★★
④	★★★★	★★★★	★★★★

评价指标	物品准备	配制方法	配制效果
⑤	★★★	★★★★	★★★★
⑥	★★★★	★★★★	★★★★

活动反思

孩子们在参与的过程中认识到了家庭常用的消毒液种类及其适用范围、注意的问题，学会了制作简易的家庭消毒液方法，提高了学生的认知能力。通过自制的家庭消毒液为家庭消毒，进行简单的劳动，学生在探究的同时，培养了劳动习惯和意识。

本活动定位明确，学生作为参与的主体，有较高的学习兴趣，学生在探究厨房、地面、卫生间等不同消毒液的制作方法的同时，综合运用各学科所获取的知识，不断提升自己的能力，利用身边可以利用的资源，不断进行探究、实践，在配制过程中，不断探索和创新消毒液的配制方法，让学生的实践活动能力在活动过程中得到锻炼。

学生通过互联网查阅多种家庭消毒液的制作和比对，提高了学生的探究能力；但因当前学生知识限度和安全考虑，涉及化学和物理电解等配制方法及其配制原理，暂不能进行深入探究。

乳山市乳山口镇中心学校　姜晓岚

第二章 手工制作篇

手工制作是小学劳动技术教育的一般形式，是小学综合实践活动课程的重要组成部分。它既能培养学生动手动脑能力，也能提升他们的综合素养。科学研究表明，手的活动对脑细胞的发育有着重要的促进作用，而小学生智力的发展又能促使双手更灵巧，两方面相辅相成。

以手工制作为主要内容的综合实践活动一般适宜在较短的周期完成。居家制作更能保证时间的完整性，从而保证作品的可观赏性。本章居家手工制作案例的设计不仅富有新意，更重要的目的是能达到实效性，即利用学科整合，将美术学科与劳动技术教育进行融合育人。学生在手工制作过程中保持兴趣盎然，使作品臻于完美，个性化十足，真正地达到了愉悦心灵，提升综合素养的目的。

巧折彩虹伞

活动背景

　　折纸又称"工艺折纸"，是一种将纸张折成各种不同形状的传统手工艺术，民间由来已久。手工折纸材料易取，无时间、空间限制，且造型富于变化，生动活泼，好的折纸作品堪比艺术品。

　　折纸既是一项手工艺术，也是一种有益身心、开发智力和创新思维的活动。无论是在校还是居家，或是外出旅行，折纸都不失为一项极为简捷、好玩的休闲活动。

活动目标

　　1.通过阅读资料，理解"伞"的含义，了解相关种类。

　　2.通过探究、合作学习，掌握折彩虹伞的折叠技巧。

　　3.通过折纸伞传递祝福，培养学生的创新能力和感恩情怀。

活动重难点

　　重点：通过探究、合作学习，掌握折彩虹伞的方法。

　　难点：通过折纸伞传递祝福，培养学生的创新能力和感恩情怀。

活动准备

　　13张不同颜色的正方形彩纸、圆规、剪刀、双面胶或者胶水等。

活动过程

　　手儿巧、心儿美，折出动物一大堆。

　　折画眉，歌声脆。

　　折燕子，摆摆尾。

折只伞儿开屏美。

你想要，我不给，教你一折保证会。

🔍 *你知道吗?*

伞：伞的繁体字，象形字。古代的"伞"字上面有一个大"人"，里头还有四个小"人"，一共是五个"人"组成了一个"伞"，即一把伞里可以容纳多个人，大人保护小人，所以"伞"有保护之意。彩虹预示着雨过天晴，寓意着美好、希望。二者结合，彩虹伞则表达了一种历经风雨，呵护备至，平安和满的美好愿望。

我们每个人都有一双巧手，会画画，会折纸，就让我们一起折一把寓意吉祥的彩虹伞，写上祝福的话语，送给守护我们平安的亲人、朋友们吧！

🔍 *认一认*

1.对边折：方形纸相对的两边对折

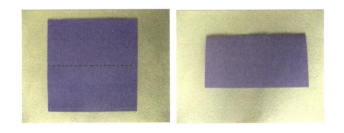

2.折叠符号：剪开

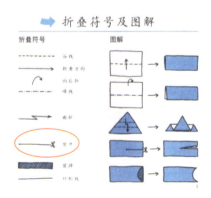

🔍 *记一记*

1.折纸要在平整的台面上进行，纸张大小尺寸要裁剪准确；

2.看懂视频教程，结合导学案，按照步骤图进行折叠，每一步都要仔细折叠到位并按平；

3.折纸时要有信心，不要怕失败，在失败的情况下应将所有步骤再仔细检查一遍，看是否少折或折错方向。

 学一学

第一步：裁12张正方形彩纸，对折再对折成小正方形。

第二步：用圆规在小正方形上画个圆弧。

第三步：沿弧线剪成扇形。

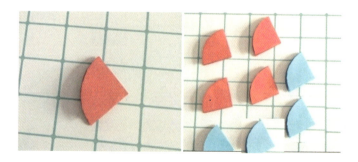

第四步：用双面胶贴在正面，然后一个接一个地把全部粘起来，全部粘完之后，雨伞的上方就完成了。

第五步：制作雨伞柄：准备一张长方形，在随意的一角把它给卷起来，然后用双面胶固定，双面胶撕开，拿上方做好的半成品雨伞出来，把做好的雨伞柄放入中间，然后在雨伞两边贴上双面胶给粘一起。

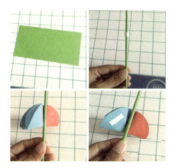

第六步：给伞柄顶端修饰一下，然后再把底下的柄掰弯一点，一款折纸彩虹伞就完成了。

第七步：给折纸彩虹伞再进一步装饰一下，并在伞身上写下祝福的话语，送给那些呵护你平安成长的亲人、朋友们吧！

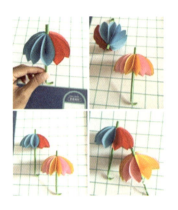

🔍 试一试

1.相信同学们根据步骤一步一步都可以完成，完成后同学们可以利用身边的物品进行装饰，可以画，可以粘贴，最重要的是要写上诚挚的祝福话语。

2.使用剪刀和刻刀时一定要注意安全！

🔍 拓一拓

现代折纸不单是一门艺术，进而发展成一门新的科学：折纸数学。它被应用于人工卫星太阳能电池板、汽车安全气囊的收纳方法，甚至哈勃太空望远镜的结构设计都有一部分得益于折纸数学的帮助。

由折纸艺术引申而来的"折纸数学"，用方程式证明了：理论上任何一种集合形态都可以用折纸模拟。那么折纸彩虹伞里都蕴含了哪些数学知识呢？自己拓一拓吧！

活动展示

①

②

③

④

⑤

评价指标	设计新颖	粘贴牢固	色彩搭配	做工细致	干净整洁
①	★★★★☆	★★★★★	★★★☆☆	★★★★★	★★★★★
②	★★★☆☆	★★★★☆	★★★★☆	★★★★☆	★★★★★
③	★★★★★	★★★★★	★★★★★	★★★★★	★★★★★
④	★★★☆☆	★★★☆☆	★★★★☆	★★★☆☆	★★★★★
⑤	★★★☆☆	★★★★★	★★★★★	★★★★★	★★★★★

活动分析

　　折纸是一种情感和创造性活动，学生在活动中会有愉悦感和个性化的表现。本课通过展示折纸伞的制作步骤，让学生通过观察、分析进而沉醉于操作活动之中。

　　巧折彩虹伞采用了悦纳的教育方法，"动手折一折"对于小学生来说极富吸引力。课初通过"伞"字的寓意将感恩教育润物细无声地蕴含其中，进而也巧妙地导入本课活动主题，充分调动了孩子们对折纸的学习兴趣；课中学生们按顺序折叠创造佳作，既促进了学生的智力开发、陶冶学生情操，也培养学生动手、动脑的能力，同时也让孩子们明白了要按顺序处理事务的道理；课后让孩子们利用身边的材料装饰美化彩虹伞，持续激发孩子们的思维想象与操作尝试。

　　本节课通过折彩虹伞，激发学生探究的欲望，培养学生折纸的兴趣，给学生提供一个提高动手、审美、实践能力的舞台。

乳山市西苑学校　刘金花

乳山市海阳所镇中心学校　张生

巧制星星灯

 活动背景

"童年彩纸小花灯，点点星星满路横"，内有灯，外有笼，花灯美丽又光明！花灯，又称灯笼，每逢佳节，悬挂彩灯，一派喜气瑞祥。花灯制作是一个立体造型的民间艺术，是艺术与技术的统一，可培养学生丰富的想象力和立体空间意识，提升造型能力。

制作星灯，可以在形状变化中发挥学生的奇思妙想，精雕细琢中培养精湛技艺，提升实践探究意识，增强美化生活的自觉性、主动性。让我们亲自动手做个小花灯，走进灯笼的世界，感受民间艺术的魅力。

活动目标

1.通过查找资料了解花灯的来历、寓意及种类。

2.通过折、刻、镂空、粘贴等方法的运用，掌握制作星星灯的基本技法和要领，增强探究和创新能力，培养立体空间意识。

3.通过主动探索实践，体验创造的乐趣，感知星星灯的艺术美，培养耐心细致的学习态度与合作意识，提升对民间传统艺术的情感。

活动重难点

重点：了解花灯文化，学习星星灯的制作方法。

难点：制作一个精美的星星灯。

活动准备

正方形纸、卡纸、铅笔、直尺、刻刀、剪刀、胶棒、小灯泡。

活动过程

"一闪一闪亮晶晶，满天都是小星星"，一盏花灯，一颗星，让我们摘下最亮的星，做一盏美丽的星星灯。

🔍 你知道吗？

花灯，是一种古老的中国传统工艺品。起源于西汉时期，每年的农历正月十五元宵节前后，人们都挂起象征团圆意义的灯笼，来营造一种喜庆的氛围。经过两千多年的继承和发展，形成了丰富多彩的品种和高超的工艺水平。从种类上有：宫灯、纱灯、吊灯等；从造型上分，有人物、山水、花鸟、龙凤、鱼虫等，除此之外还有专供人们赏玩的走马灯。中国的花灯综合了绘画艺术、剪纸、纸扎、刺缝等工艺，利用各个地区出产的竹、木、藤、麦秆、兽角、金属、绫绢等材料制作而成，极富欣赏价值。

  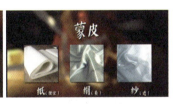

制作传统的花灯有三个主要步骤，搭建骨架，通常是竹子和木头；制作蒙皮，有纸、绢、纱；置入光源，不是蜡烛就是油灯。而无骨花灯只用纸就能做出整个造型，今天，我们就采用这种方法，来试一试做一个星星灯。

🔍 想一想

1.怎样用一张纸做出精致美观的星星？

2.怎样能让星星灯亮起来？

3.做好了的星星灯你打算怎么安排？

🔍 做一做

1.折叠，2.剪裁，3.转模，4.镂刻，5.粘贴，6.组合。

资源篇

🔍 **学一学**

创意+耐心+能力=完美的作品，相信同学们一定能做到！接下来，让我们跟随着小箭头的指引，一起来探索星星灯的奥秘吧！

1.折叠方法（沿着箭头的方向折，虚线为折线）

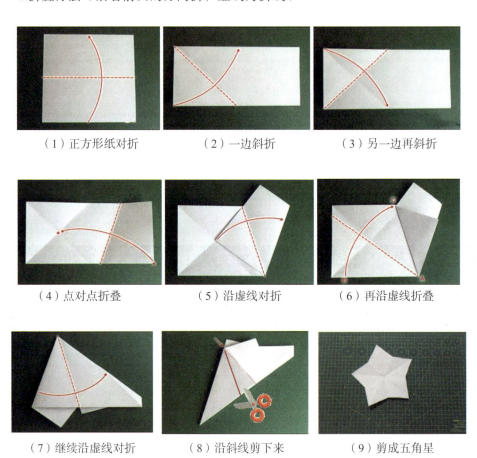

（1）正方形纸对折　　　（2）一边斜折　　　（3）另一边再斜折

（4）点对点折叠　　　（5）沿虚线对折　　　（6）再沿虚线折叠

（7）继续沿虚线对折　　　（8）沿斜线剪下来　　　（9）剪成五角星

2.组合方法

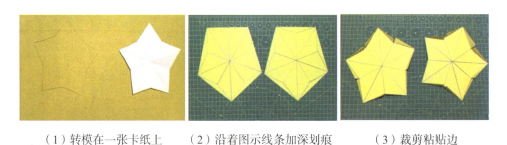

（1）转模在一张卡纸上　　　（2）沿着图示线条加深划痕　　　（3）裁剪粘贴边

（4）设计自己喜欢的花纹　　（5）镂空花纹，留出放灯口　　（6）折叠加重折痕

（7）将两个星星粘贴在一起　　（8）组合完成　　（9）装灯完成

🔍 **试一试**

同学们，拿出自己喜欢的颜色卡纸，开动脑筋，设计出独特的花纹，让我们的小巧手，折一折，画一画，剪一剪，粘一粘，来制作一个漂亮的星星灯吧。

我们还可以多做几个星星灯，尝试装饰我们的房间，也可以悬挂在夜幕下的树枝上，为路人带去一份光明，为夜色送去一份浪漫。

使用剪刀和刻刀时，一定要注意安全哦！

🔍 **拓一拓**

其实，制作星星灯的方法还有很多，不同的折纸方法，就可以制作出花样各异的星星灯，哪怕是一个小玻璃瓶，只要我们巧用心思，也可以变幻成神秘的星星灯。

同学们，除了星星灯之外，花灯的世界是异彩纷呈的，让我们在星星灯的引领下，发挥自己的独创性，创造出更多更美的花灯，让它们来装扮自己的生活。

活动展示

下面是我们的小伙伴制作的星星灯，是不是很迷人呀！

"星星灯"制作评价量表

评价指标	设计新颖	粘贴牢固	制作精美	干净整洁	创意独特
①	★★★★	★★★★★	★★★★	★★★★	★★★★★
②	★★★★	★★★★	★★★★	★★★★★	★★★★
③	★★★★★	★★★★★	★★★★★	★★★★★	★★★★★
④	★★★	★★★★	★★★	★★★	★★★★

活动反思

花灯，是中国民间艺术的一朵绚丽奇葩，是中华传统文化的独特符号。本次活动以学做星星灯为切入点，学生不仅学会了制作的方法，还感受了集知识性、观赏性、娱乐性为一体的花灯文化。

活动前，学生通过查找资料，进而互相交流花灯的来历、花灯的寓意、花灯的种类，形成对这一传统民间艺术的初步认识，激起了进一步探索实践的兴致；活动中，教师引导学生探索制作星星灯的流程方法，然后进行折叠、剪裁、转模、镂刻、粘贴、组合等一系列复杂活动，其中的镂刻与粘贴组合两个环节，尤其考验学生的耐力与专注度，教师适时鼓励，学生热情投入，排除困难，做出了炫彩的星星灯；最后，学生展示自己的劳动成果，在欣赏、分享、评价中，积累经验，完善作品。

此次活动，学生通过资料搜集、情感生发、技能提升、乐趣体验，增强了自主探究、解决问题的能力，体验了平面到立体的分解与组合的转换过程。"拓一拓"环节，进一步开阔了学生的视野，启发了创造性思维，丰富了自我的审美体验。灯笼在手，传统在心，相信学生在收获成功喜悦的同时，也会增强对传统艺术的热爱，用璀璨的花灯点亮自己的生活。

乳山市黄山路学校　姜丛丛

奇思妙想粘贴画

 活动背景

　　粘贴画是平面制作的一个类型，是丰富儿童审美体验、开发艺术潜质的一种美术活动。材料可以选择生活中各种物品进行构思设计，利用其质感、肌理、色彩上的美感，通过组合、拼贴、构成，创作成平面制作作品。

　　瓜子粘贴画充满变化性和趣味性，能够很好地发挥学生自由想象的空间，活跃形象思维能力，锻炼动手能力，起到培养创造能力和创新意识的重要作用。让我们一起展开想象的翅膀，在创作中体验成功的快乐吧。

活动目标

　　1.通过动手实践，掌握瓜子粘贴画的制作步骤及剪、贴、添画的美工技能。

　　2.通过用不同的材料制作粘贴画，发展创造性思维，提高创新能力和动手操作能力。

　　3.通过经历创作的过程，体验成功的快乐。

活动重难点

　　重点：学习粘贴画的制作方法。

　　难点：材料的选择与粘贴。

活动准备

　　材料：色卡纸（A4）、瓜子、橘子皮、水果包装网袋、小树叶若干；

　　工具：双面胶、剪刀、笔盖、小刀、商品包装盒、直尺、纸张打孔器、剪刀、胶棒、各种画笔等。

活动过程

小瓜子，本领大，生在春风里，长在蓝天下，大家齐动脑，一起来创作，一双小巧手，扮靓千万家。

同学们，让我们一起动手做起来！

🔍 你知道吗？

同学们，你知道我们生活中常见的瓜子有哪些种类吗？还有哪些适合制作粘贴画的物品呢？

瓜子贴画的主要材料是瓜子。西瓜子、南瓜子、葵花子等，均是做瓜子贴画的好材料，而红豆、绿豆、玉米等粒状材料，也有与瓜子相近的肌理效果。因此材料并不局限于瓜子，可以因地制宜选择家中常见的材料。利用它们不同的颜色与基本形状加以组织、拼贴，可以制作出丰富多彩的图案和画面。

🔍 想一想

1.制作粘贴画需要哪些材料呢？

2.除了各类瓜子和豆子，我们还可以利用身边哪些废旧物品制作粘贴画？

3.你想制作一幅什么内容的粘贴画呢？

🔍 做一做

根据准备好的材料动手做一做，要注意安全哟！

🔍 学一学

1.构思主题

思考并确定要制作的主要内容。构思设计画面，有两种设计方法：

（1）先决定主题再选材。

（2）根据自己收集到的种子的形状特点来定主题。选材颜色和构思要相符、构思要新颖、独特。

2.选取材料

（1）所选的瓜子颗粒要饱满。

（2）种子的采集要考虑颜色、大小、形状的多样性。

3.构图技巧

可根据自己的喜好采用均衡式构图和对称式构图两

种形式之一；

（1）均衡式构图：画面重心和主要形象采用中间稍偏左或偏右的位置，是运用比较广泛的构图形式。

（2）对称式构图：画面重心在中间，左右大小、形状基本相同，可用于表现人像、建筑等。

（均衡式构图）　　　　　　　（对称式构图）

试一试

1.拿出彩色卡纸，画出花朵的枝条和草地，注意下粗上细，穿插疏密得当，重心在画面稍偏左的位置。

2.拿出钢笔，取下笔帽，在橘子皮上用笔帽旋出四五个圆形的小花蕊。

3.取出双面胶，在枝条的合适位置粘贴出四五个3cm×3cm左右的方圆区域，然后揭下双面胶的隔纸。

4.把旋好的小圆形橘子皮粘在胶带的中间，选取大小形状相近的瓜子，围绕圆形橘皮花蕊摆出小菊花的形状。

5.选取适当的树叶，在画面上摆一摆，定稿后在树叶的背面粘贴双面胶，把树叶粘贴在合适的位

置上。

6.取一块大点的橘子皮，剪成圆形，粘贴在画面右上方，画出四射的光芒，做成太阳。

7.取一个水果包装袋，用剪刀剪取合适的大小，用双面胶粘贴在画面的右下方，做成小栅栏，旁边用松柏树叶粘贴一两棵小树。

🔍 拓一拓

同学们，我们今天跟随视频学习制作了一幅简单的粘贴画，其实我们生活中的很多东西都可以用来制作粘贴画，课后同学们可以上网搜一搜不同材料做成的粘贴画，相信心灵手巧的你一定会创作出更加有创意的粘贴画作品，并用它来装饰我们美好的生活。

活动展示

评价指标	设计新颖	粘贴牢固	色彩搭配	做工细致	干净整洁
①	★★★★	★★★★★	★★★★	★★★★	★★★★★
②	★★★★	★★★★	★★★★	★★★★★	★★★★
③	★★★★★	★★★★★	★★★★★	★★★★★	★★★★★
④	★★★	★★★★	★★★	★★★	★★★★

活动反思

粘贴画虽然是一种普通的工艺品，但它饱含着人们欣赏美的情趣和想象力。种子粘贴画的材料随手可得，教师通过引导学生交流、探究、设计、体验，掌握制作技巧和创作流程。

教师首先导入种子话题，引导学生根据生活经验交流种子的用途，能长成植物，能做成艺术品……但很少会想到能用种子制作贴画，进而引出本课的活动目标。然后，指导学生探究方法，利用选择的材料尝试制作。当学生遇到困难后，教师可借助多媒体进行讲解，从而突破教学难点。最后，教师组织展示评价，让学生感受自己劳动的收获，并在相互欣赏评价中进一步修改、提升。

综合实践活动的主题来自生活，最终又通过学习回归生活。活动结束后，教师通过拓展延伸，借助课件引领学生欣赏自己创作设计的精美艺术品，在心中孕育一颗神奇的种子。通过本课例的学习，学生能够学会在生活中发现美、创造美，从而将课堂延伸到生活。

乳山市徐家镇中心学校　　丁秋月

书签映隙曛

活动背景

　　书签是穿行于书中的精灵，常常在不经意间被我们夹在心爱的书本中，或作为一种装饰，或作为我们辨分页码的标志。书签画面随意，取材广泛，制作费用较低。一张别致的书签，不仅可以帮助我们留下读书的足迹、书写阅读的思绪，还能让我们在窥探书籍的万种精彩中给自己一点小小的惊喜。

　　本节课旨在激发学生读书的热情，自觉养成爱护书、勤读书、读好书的好习惯，同时也启迪学生创新思维，培养动脑、动手的能力。

活动目标

1.通过查找资料，了解有关书签的来历、作用及种类。

2.尝试不同的材料，运用多种方法制作书签，表现自己的设计风格。

3.感受造型、色彩和文字的关系，发展创造性思维；在品味、鉴赏书签语言画面中体味充满魅力的语言和博大精深的文化，提升核心素养。

活动重难点

　　重点：在品味、鉴赏书签语言画面中体味祖国语言的博大精深，从而提升综合素养。

　　难点：制作出一枚有特色的书签，表现自己的设计风格。

活动准备

　　商品包装盒、直尺、纸张打孔器、剪刀、胶棒、各种画笔等。

活动过程

小小书签书间夹，方寸之间蕴精彩。

勤读书，读好书，书韵飘香满校园。

你知道吗？

唐代诗人杜甫曾写下"笔架沾窗雨，书签映隙曛"的美句，让人浮想联翩。捧一手书香细细品读，在收获一段身心愉悦的时光后，将书签轻夹书中，记录下一段阅读的开端。今天，让我们一起来学习制作书签吧！

书签这一实物实则出现在唐以前。书签是伴随卷轴装书而来的，我国在晋代就流行以纸为主要材料的书籍卷轴装书，在那时，书签是以纸片或竹片制作以区别书的内容和取阅方便，也称以"挂签"或"牙签"。随着历史的发展，古往今来，书签的形式不断改变，从"挂签"到册页制时期贴在封皮以题写书名的"浮签"，再到作为阅读进度和读书困难处标记的"题签"书签的形式和功能经历了多样的改变。

想一想

家里没有合适的工具材料怎么办呢？我们需要根据自身情况来完成各种小制作。家里面剪刀和商品包装纸盒总会有的，做手工需要的工具材料我们也可以进行替代和变通。

熟悉工具：商品包装盒、直尺、纸张打孔器、剪刀、胶棒、各种画笔、毛线等。

做一做

1.选材 2.消毒 3.切割 4.打孔。

学一学

1.书签的常规装饰手法

表现手法：书法、中性笔加水彩、水墨、国画颜料、彩铅笔。

| 书法 | 中性笔加水彩 | 水墨 | 水彩 | 国画颜料 |

2.书签的非常规装饰手法

表现手法：棉签点彩装饰、色彩对印、水彩笔印章等。

| 棉签点彩 | 色彩对印 | 剪切粘贴（免打孔） | 水彩笔印章 |

3.制作流苏穗子

书签做好后，再配上流苏穗子就可以当书签来用了。

| 图1 | 图2 | 图3 |

（1）用喜欢的颜色的毛线缠在一个卡纸上面，缠绕的长度就是完成后的穗子两倍的长度，所以可以根据自己的需要来调整卡纸的大小，也可以缠绕在手掌上面。等到绕的圈足够了之后，其实大家都知道多绕几圈穗子会比较饱满。（图1、图2）

（2）将毛线从卡纸上取下来，然后从中间用毛线扎住，提起来，把下面毛线连

在一起的位置剪开，用毛线在扎住的位置稍稍靠下一点扎紧，用剪刀修剪一下下面的穗子就可以了哟。（图3）

试一试

1.制作书签的方法有很多，可以画，可以印，还可以粘贴或镂空，选取自己喜欢的方法来设计制作出与众不同的漂亮书签。

2.使用剪刀和刻刀时一定要注意安全！

拓一拓

其实制作书签的方法还有很多，我们还可以制作呆萌个性的书签，上网找一找，看看如何制作吧！只要我们善于动手动脑，就会创造出更多更美的书签，还可以将它作为礼物赠送给自己的老师和好朋友哟！

活动展示

评价指标	设计新颖	粘贴牢固	色彩搭配	做工细致	干净整洁
①	★★★★	★★★★★	★★★★	★★★★	★★★★★
②	★★★★	★★★★	★★★★	★★★★★	★★★★
③	★★★★★	★★★★★	★★★★★	★★★★★	★★★★★
④	★★★	★★★★	★★★	★★★	★★★★

活动反思

制书签是一节手工课，目的是让学生认识书签及其演变历史，了解书签制作的基本方法，并能选用不同的材料、恰当的方法制作书签，培养创造性思维和动手操作能力，感受实践活动的乐趣。

活动前，学生上网搜集书签的来历、作用与种类，在探究中培养研究的兴趣。活动过程中，学生积极开动脑筋，通过剪、贴、撕、叠、画等多种形式，制作出各具特色、颇有创意的书签。书签的制作取材丰富、创意新颖，有彩色硬纸制作的书签，鲜艳夺目；有布贴制作的书签，古朴优雅；有冰棍棒制作的书签，美观独特；还有各种形式的书签，让人赏心悦目。

此次的书签制作，既为学生提供了一个展示自我的平台，又激发了他们的想象力与创作灵感，并有助于培养阅读兴趣。小小书签，馨香一脉，愿这脉书香能伴随孩子们一路成长，一路精彩！

乳山市第一实验小学　孙丽波
乳山市下初镇中心学校　宋霞

巧手制口罩

活动背景

　　口罩是一种卫生用品，一般以纱布或纸等材料做成，戴在口鼻部位，用于过滤进入口鼻的空气，以达到阻挡有害的气体、气味、飞沫、病毒等物质的作用。

　　面对近年来的空气质量问题，人们常常需要戴口罩出门。抗击疫情期间，人们已经认识到了戴口罩的重要性。疫情初期市场上口罩很紧缺，实在没有口罩的情况下，不妨试试自制口罩。可以用家中能找到的材料DIY简易口罩，虽然不能够完全防护，但也能起到一定的应急作用。用最柔软的布料为家人做最舒适的口罩，是一件特别有意义的事情。

活动目标

1.通过查找资料，了解口罩的来历及种类。

2.尝试不同的材料，学习多种制作口罩的方法，并体现自己的设计风格。

3.体验制作口罩的乐趣，锻炼动手能力，树立自我防护的意识。

活动重难点

重点：学习口罩的制作方法。

难点：制作出表现自己的设计风格的口罩。

活动准备

医用护理垫、医用胶带、铁丝、医用纱布、挂绳（松紧带、纱布条）、剪刀、针线包

活动过程

猜谜：

四四方方一块布，嘴和鼻子都盖住，

有它不能吃东西，为保健康人人爱！

🔍 你知道吗？

世界上最先使用口罩的是中国。古时候，宫廷里的人为了防止粉尘和口气污染而开始用丝巾遮盖口鼻。13世纪初，口罩只出现于中国宫廷。侍者为防止自己的气息传到皇帝的食物上，使用了一种蚕丝与黄金线织成的巾做成口罩。

1895年，德国病理学专家莱德奇发现了空气传播病菌会使伤口感染，从而认为人们讲话的带菌唾液也会导致伤口恶化。于是，他建议医生和护士在手术时，戴上一种用纱布制作、能掩住口鼻的罩具。这个措施实施后，大幅度减少了伤口感染率。

1897年，英国的一名医生在纱布内装了一个铁丝的支架，使纱布与口鼻间有了间隙，从而克服了呼吸不畅、容易被唾液打湿的缺点。

🔍 想一想

家里有哪些合适的工具材料可以制作口罩呢？我们可以根据实际情况利用现有的材料来制作。

熟悉工具：医用护理垫（棉布）、医用胶带、铁丝或金属片、医用纱布、挂绳（松紧带、纱布条）、剪刀、针线包、直尺。

> **温馨提示**：如果没有铁丝怎么办？别着急，仔细观察生活中还有哪些适用于做鼻夹的材料。凡是具有延展性的金属片，都可以使用。比如一次性口罩里就有我们需要的做鼻夹的材料，口罩不能重复利用了，取出金属条做好消毒工作就可以赋予它新的使命啦！

做一做

1.选材，2.画图，3.裁剪，4.缝制。

学一学

1.制作口罩时，要先弄清楚医疗口罩的原尺寸和展开后的尺寸。可先对医护口罩进行测量，大人口罩展开尺寸是17.5cm×20cm，儿童口罩展开尺寸是14.5cm×17cm。

2.家中有医用防护垫的，可作为最外层的防水隔离飞沫层。（图一）

3.将铁丝置于防护垫内侧上边线中部，并用医用胶带固定，做鼻夹。（图二）

（图一）　　　　　　　（图二）

4.将医用纱布铺在内侧作为吸水亲肤层，也可用消过毒的干净棉布。（图三）

（图三）

5.按照医用口罩的形式为自制口罩打褶。量7cm往上折1cm，量3.5cm往上折1cm，再量3.5cm往上折1cm，共3折。（图四）

6.最后，再用针线固定口罩两侧边缘，先缝左右两侧，把布往内折1cm收边，并根据个人习惯添加耳挂。（图五）

（图四）　　　　　　　　（图五）

🔍 试一试

1.制作口罩的方法和材料有很多，可以就地取材，选取自己喜欢的方法来设计制作出与众不同的漂亮口罩。

2.使用剪刀和针线时一定要注意安全哟！

🔍 拓一拓

其实制作口罩的方法有很多，我们还可以根据家中现有的原材料，制作富有个性的口罩，上网查一查，看看如何制作吧！还可以将它作为礼物赠送给自己的亲人、老师和好朋友哟！

活动展示

评价指标	设计新颖	粘贴牢固	色彩搭配	做工细致	干净整洁
①	★★★★☆	★★★★★	★★★☆☆	★★★★★	★★★★★
②	★★★☆☆	★★★★☆	★★★★☆	★★★★☆	★★★★★
③	★★★★★	★★★★★	★★★★★	★★★★★	★★★★★
④	★★★☆☆	★★★☆☆	★★★★☆	★★★☆☆	★★★★★

活动反思

　　新型冠状病毒悄悄袭来，让口罩成为出行必备物品。但是很多同学不喜欢戴口罩，还有的不会正确佩戴口罩。本次活动，通过制作口罩激发学生戴口罩的兴趣，并且引导学生学会正确佩戴口罩的方法，调动了学生的参与积极性，在活动中培养了学生的动手操作和实践应用能力。

　　课前先是通过查找资料了解口罩相关知识，知道一次性口罩由三层材料构成，每层对应不同的功能。课中边观看视频教学，边动手操作，动脑设计与动手操作相结合。课后与家人探讨正确的佩戴口罩的方法，并将自己制作的口罩送给家人。

　　综合实践课是面向学生生活而设计的一门课程，就是为了给学生一个开放的空间，让他们自己去发现问题，自己去实践体验，本节课将学到的制作方法学以致用，应用到了实际生活中，达到了综合实践活动课程的目的。

乳山市畅园学校　田丽娟

巧手缝沙包

 活动背景

　　丢沙包是我国民间的传统游戏，也是一项团结合作的体育运动，在20世纪八九十年代的校园中极为风靡。此游戏不仅能锻炼小肌肉，还能训练手眼的协调，培养敏捷的反应能力。但是在进入21世纪后，随着经济发展和娱乐方式的增多，尤其是电子产品成为孩子们生活中不可或缺的一部分，丢沙包等各项体育活动就逐渐淡出孩子们的视线。今天，让我们一起来缝制一个漂亮的沙包，在学习之余放松自己，享受童年的乐趣吧！

活动目标

1.通过观察，了解平针缝和藏针缝两种基本针法的缝制方法。

2.通过实践操作，能独立运用剪、缝等技能制作沙包。

3.通过创意制作不同形状的沙包，培养自主探究意识，感受制作的乐趣，开拓创新思维，提升生活素养。

活动重难点

　　重点：熟练运用技能缝制沙包。

　　难点：藏针法的熟练运用。

活动准备

　　一块大布片，剪刀，针，线，填充物（沙子或者谷物）。

活动过程

　　"四方形，花外衣，丢来丢去真好玩。"（打一玩乐用品）

　　你猜到了吗？谜底揭晓：沙包。孩子们，做好准备了吗？开始我们今天的巧手之旅吧！

🔍 **你知道吗?**

沙包项目与大多体育项目、民间游戏一样，由来已久，最早可溯源于远古时代，人类的祖先就会用石头等硬物击打猎物。随着时代的发展，人类文明的进步，且作为游戏当然不能用石块等利器，于是人们开始使用伤害性较小的沙包代替。丢沙包游戏形式多样、富有技巧，运动负荷不大，具有较大的拓展空间，很适合在广大中小学生中开展和普及，当然也正是这些原因才使丢沙包这项民间体育运动得以流传至今，沙包在体育课当中是既安全又经济的一种体育器材。

🔍 **想一想**

1.布片与线选择颜色相近的还是色差较大的?

2.将布片裁成边长大约为几厘米的正方形所缝出来的沙包大小最合适?

3.若是没有沙子和谷物，填充物还可以用什么来替代?

🔍 **学一学**

1.缝制的基本针法

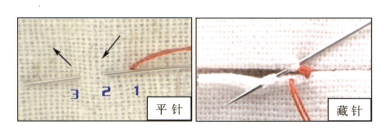

（1）平针缝：平针缝是最基本、最简单的针法，可用于两片布的缝合。从1出，2入，3出，再重复动作。

（2）藏针缝：夹缝出针，垂直第一针入针，再平行出针。

2.缝制的步骤：

图1　　　　　　　　　　图2

图3   图4

（1）邻边拼接：将4块布相邻两边缝合起来，形成一个无底无盖的正方体（注意：反面朝外）。（图1）

（2）两底拼接：把第5块和第6块布片依次与上面的正方体缝合，在缝最后一边时留下一半先不要缝。（图2）

（3）翻面填充：把初具规模的沙包从空隙处翻过来，装入预备好的填充物。（图3）

（4）封口：用藏针缝法把沙包剩下留口的地方缝好，这样沙包就完成了。（图4）

🔍 试一试

1.同学们，运用你手中的材料开始缝制沙包吧！你也可以试一试若不按照上面的步骤能不能缝制出一个一模一样的沙包。

2.如果加大尺寸，沙包也可以变成靠垫的，帮妈妈做一个舒服的靠垫吧！

3.用剪刀和针时，要注意安全。缝制时，针脚要紧密，针距要匀称。

🔍 拓一拓

1.同学们，一个漂亮的沙包已经缝好了，我们今天缝制的是六面体的沙包，其实，沙包的式样非常多，选取你喜欢的继续尝试吧，还可以自己构思制作更加漂亮的沙包！加油！

2.我们缝制沙包不仅仅是为了锻炼手工制作能力，更是为了在学习之余通过玩沙包达到锻炼身体的目的，那你知道沙包有哪些玩法吗？去找一找吧！

活动展示

下面让我们一起来欣赏一下同学们制作的精美沙包吧！

"巧手缝沙包"设计制作评价量表

项目	评价标准	评价等级		
		自评	互评	师评
参与态度	积极做好准备工作	☆☆☆	☆☆☆	☆☆☆
	持续从事手工活动	☆☆☆	☆☆☆	☆☆☆
	主动进行活动探究	☆☆☆	☆☆☆	☆☆☆
	细致入微进行观察	☆☆☆	☆☆☆	☆☆☆
活动体验	针脚大小匀称	☆☆☆	☆☆☆	☆☆☆
	缝合精细严密	☆☆☆	☆☆☆	☆☆☆
	外皮平整美观	☆☆☆	☆☆☆	☆☆☆
	填充数量适当	☆☆☆	☆☆☆	☆☆☆
能力提升	针法掌握比较熟练	☆☆☆	☆☆☆	☆☆☆
	动手能力得到提高	☆☆☆	☆☆☆	☆☆☆
	生活素养得到提升	☆☆☆	☆☆☆	☆☆☆

活动反思

手工制作基于"做中学"和"学中做",具有极强的实践性,是以每个学生的个体经验和亲身实践为基础的,适宜训练学生的专注力和动手操作能力。本次实践活动不受活动场地和条件的约束,所用到的材料都是生活中常见的,易于操作,可行性强,因此学生对本次活动很感兴趣,参与积极性高。

活动前期通过"想一想""做一做",让学生了解要缝制一个既精美又实用的沙包需要掌握的相关知识,为下一阶段活动的开展做好铺垫,这两个活动是学生自主探究、实验、合作讨论完成的。后期"学一学""试一试"等系列活动,让学生在实践操作中掌握了缝制沙包的基本针法和完整的缝制方法。"拓一拓"让学生了解多种沙包的玩法,学生在玩沙包的过程中能够实际检验自己缝制的沙包是否实用,通过进一步修改更能给学生带来成功的喜悦,激励学生在生活中热爱美、发现美、创造美!

乳山市中小学综合实践学校　郑阿芳

第二章　创意美食篇

　　行走世间，美食与爱皆不可辜负。在我们的优秀传统文化中，美食是一道独特的风景，创意美食更是给人视觉冲击与味蕾享受。

　　在这一章的美食之旅中，让我们一起来领略花样饺子的神奇百变；尽享鲜花入食、以花入馔之风雅；在爱的清晨中，来一份创意早餐；见证平凡的面条，华丽变身为果蔬彩面；在水果蔬菜的世界里，欣赏一场赏心悦目的缤纷果盘；在金黄酥脆、浓香醇厚的豆沙饼和芝麻酱烧饼中，畅享饼之美味。

　　创意美食篇旨在提升学生动手操作能力，培养孩子居家期间热爱劳动、搭配营养、实践创新的能力，提高自理能力和生活品位。愿你在每一种味道中品出精致，愿你在这幸福的美食之旅中，成就美味人生。

花样饺子

 活动背景

　　饺子是中国的传统面食，是每年春节家家户户必不可少的面食。饺子相传是我国医圣张仲景首先发明的，当时饺子是药用，张仲景用面皮包上一些祛寒的药材用来治病（羊肉、胡椒等），避免病人耳朵上生冻疮，后来人们都模仿制作，称之为"娇耳"，又称水饺。是中国民间的主食和地方小吃，也是主要的年节食品。

　　饺子的包法有很多种，不仅能给人们带来美的享受，而且营养价值非常丰富，把花样饺子的包法带到课堂上来研究，不仅提高了学生自主动手的能力，而且趣味十足。

活动目标

　　1.了解饺子的历史，掌握花样饺子的基本包法。

　　2.通过学习包饺子的方法，提高学生的动手能力，培养审美情趣，陶冶情操，热爱生活。

　　3.体验包饺子的乐趣，掌握包饺子的实践能力，锻炼生活能力和动手能力，同时使学生养成爱劳动的好习惯。

活动重难点

　　重点：学习掌握包饺子的整个基本技能。

　　难点：学习大肚饺子、月牙饺子、蝴蝶饺子的不同捏法。

活动准备

　　1.饺子面、饺子馅、面粉、擀面杖、面板、菜刀、托盘、勺子。

　　2.煤气灶或电磁炉、锅、漏勺。

3.每人一套盛饺子的餐具以及自制蘸料。

活动过程

"相隔千里终团圆，共坐檀桌前。举筷入口皆思念，同衬此时意。

莫道离别愁几许，一饺此中揽。来年早归喜几多，吃饺话团圆。"

🔍 你知道吗？

在中国北方很多传统节日比如冬至、除夕、春节等，家家户户桌上都有美味的饺子。旧时以天干地支来计时，除夕夜亥时一过便是交子时，正是新年最新初的时刻，据说这时吃了饺子，表示"开张大吉，万事如意"。又因为此刻正交子时，所以吃饺子谐音"交子（时）"。此外，饺子因为形似元宝，过年时吃饺子，尤其带有"招财进宝"的吉祥含义。

饺子不仅仅是一种美食，还蕴涵着中华民族文化，表达着人们对美好生活的向往与追求，是深受中国人民喜爱的传统特色食品。接下来我们一起走近这一传统美食，来包一盘精致的饺子吧。

🔍 想一想

1.课件展示常见的饺子形状，请同学们观察一下：这些饺子都是什么形状的？都是如何包的呢？怎样包才会既美观也不漏出馅呢？

2.常吃的饺子做法都有什么形式呢？

做一做

1.和 面

用料：普通面粉300克，水135～140克，盐1克。

步骤：用干净的手和面，面团不要揉得太软，揉好放盆里盖上保鲜膜醒发半小时。

2.和 馅

饺子馅分为肉馅和素馅，常见的有猪肉白菜、猪肉韭菜、猪肉葱头、羊肉茴香、牛肉葱头、鲅鱼韭菜、芹菜猪肉、茄子猪肉、萝卜猪肉、荠菜猪肉、三鲜、蛤蜊黄瓜、木耳鸡蛋、虾米茭瓜、西红柿鸡蛋等。和馅时将准备好的食材剁碎，加入适量的盐、耗油、料酒、十三香、葱姜蒜、味极鲜、食用油等搅拌均匀。

3.捏饺子

常见的饺子形状有以下几种：

（1）大肚饺子

①把馅放入饺子皮上，用勺子背压平整，馅不要太少尽量饱满，也不要太多防止露馅。

②两边对折成半圆，由两边向中间捏牢封口。

③左手弯成窝形，饺子皮边缘贴在左手食指上，右手食指放在左手食指上方，两个大指抬起。

④两个大指压住饺子皮边缘，往中间稍用力推挤。

⑤松大指会看到用手指肚挤压出来了大肚饺子。

⑥大肚饺子的亮点就是馅料十足，捏的比较贴合，包起来速度快，适合节日时多人聚餐或商用饺子。

（2）月牙饺子

①把馅放入饺子皮上，用勺子背压平整，馅也不要太多，防止露馅捏不住。

②对折先把一边捏紧。

③左手食指推过去，右手捏紧从右边靠下一点的位置捏折。

④从右向左依次重复捏折，直到捏完。

⑤大指食指捏出半圆状的月牙饺子，饺子肚大饱满，边缘整齐漂亮。

⑥月牙饺子的亮点就是边缘折整齐漂亮，形状犹如月牙，馅料不易松散，捏的比较贴合，可蒸可煮。

（3）蝴蝶饺子

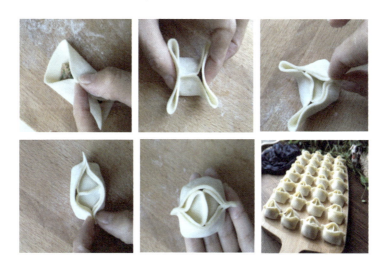

①饺子皮包上馅，两边对折，捏紧粘牢。

②再把两边的饺子皮中间对折，食指捏住饺子下端，整形。

③把一侧的两角用食指和大指捏紧。

④再捏紧另外一侧。

⑤饺子像蝴蝶的两只翅膀，所以起名蝴蝶饺。

⑥蝴蝶饺子的亮点就是馅料不易松散，捏的比较贴合，外观漂亮，体型小，还可在上方三角凹洞处加上自己喜欢的蔬菜蒸着吃。

4.烹 饪

常见的饺子烹饪方式有煮饺子和蒸饺子两种。

（1）煮饺子

水煮开加盐放入饺子用漏勺轻轻搅拌1分钟，待饺子在锅中能单独分离不粘锅，再盖上锅盖煮，快溢锅加入半碗凉水，盖锅盖煮，直到加入三次凉水待水开，用碗盛出。

（2）煎饺子

①中小火煎1分钟左右，至饺子底部微黄硬，加入半碗清水（水量约饺子的三分之一处），盖上锅盖继续中小火焖熟。

②提前打好的鸡蛋液加入一勺清水和一小撮盐搅拌均匀，当饺子煎到水分蒸发有滋滋的油声，继续煎半分钟至饺子底部微黄酥脆，然后延锅边加入蛋液，轻轻晃动平底锅，撒上葱花、芝麻出锅。

🔍 试一试

学习了包花样饺子的技巧与烹饪方法，接下来同学们可以根据自己的材料与喜好，发挥你的聪明才智，用你灵巧的小手，为家人做上一盘充满爱意与创意的饺子吧。

🔍 拓一拓

其实饺子的花样还有很多，可以发挥你的想象力，创新出各式各样的饺子，比如白菜饺子、金玉饺子、玫瑰花饺子、七彩饺子、元宝饺子等。

1.为什么煮饺子时饺子馅都掉锅中呢？

这是因为饺子没有捏紧，煮的时候搅动太大也易破皮，再就是刚放饺子时饺子粘锅底了。在包饺子时一定捏牢捏紧，煮的时候要用漏勺沿着锅边一个方向轻轻打转，使饺子不沉底。

2.如何判断饺子是否熟了？

等待饺子"肚子"鼓起来，并肚皮朝上，捞出一个饺子用手按饺子皮，若能立刻弹起来证明饺子熟了，用漏勺捞出即可。

3.熟饺子如何防止粘贴在一起？

大葱煮饺子。煮饺子时放几段干净的大葱，煮出来的饺子味鲜且不易粘贴。还有就是过温开水。把煮好的饺子放温开水过一遍，用漏勺捞出盛盘就不会粘在一起了。

如果你想学习更多的包饺子技巧，快去找一找，快乐学习，享受属于自己的美味吧。

活动展示

评价指标	营养均衡	做工精细	造型创意	味道口感
作品1	★★★★★	★★★★★	★★★★☆	★★★★★
作品2	★★★★★	★★★★★	★★★★☆	★★★★☆
作品3	★★★★★	★★★★☆	★★★★★	★★★★★
作品4	★★★★★	★★★★☆	★★★★☆	★★★★★
作品5	★★★★★	★★★★☆	★★★★★	★★★★☆
作品6	★★★★★	★★★★★	★★★★☆	★★★★★

活动反思

包饺子是综合实践活动中一种最基本的劳动体验。学会包饺子不仅让学生们对中国传统美食文化增加一定的了解，还可以培养学生懂生活、爱劳动，学会美食营养搭配，并且提高了动手实践的能力和生活基本技能，在节日里为自己的家人送上一份美食、一份祝福。

课堂中先让学生观看捏花样饺子的视频，了解饺子的历史文化，再让学生欣赏成品花样饺子照片，激发学生的好奇心，同时也开拓了学生的眼界，让学生发挥自己的创意，做出更多形状的花样饺子。接着通过一步步的讲解，从和面、和馅、捏饺子、煮饺子、蒸饺子等过程，让学生细心观察每一个步骤。然后把剩下的时间留给学生实践，通过鼓励，启迪学生做出更加富有创意的饺子。亲自动手的过程，让学生体会到劳动的乐趣、收获包饺子的技能。

本次活动让学生了解了饺子的历史和文化意义，学会了包饺子，了解到了更多花样饺子的制作方法，学生们兴趣浓厚，参与积极性很高，达到了预期的效果。

乳山市光明街小学　丁鲁岩

乳山市冯家镇中心学校　冯晓燕

以花入馔

 活动背景

　　用鲜花做成的食物，古人称之为：花馔[zhuàn]。以花入馔是一件很香艳的事情，花朵映衬出菜肴的艳丽之美，为原本柴米油盐的粗淡生活增添几分风雅，加之选用的多是当地最时鲜的食物，对于味觉和视觉亦是最好的犒赏，吃花的人吃的不仅是花香，更是那一番悠然自得、与自然浑然一体的意境。

　　学生采集鲜花或者利用干花，亲手做一道美食，既培养了对生活的情怀，也能感受大自然赋予人类的美，美的事物，美的生活，美的人生，提升自身对美的感悟。

活动目标

　　1.通过学习、查阅资料了解认识草本花卉和灌木花卉中，一年四季之中可食的花卉，了解花食的营养价值。

　　2.通过花粥、花糕的制作，初步掌握以花入馔的方法，动手实践，体验做花食的乐趣，培养学生自身修养，热爱生活、享受生活，提高生活品质。

活动重难点

　　重点：识辨各类可食花卉，认识花卉的各种做法，如：煮、蒸、煎、炸、汆；种类有菜、饭、粥、羹、糕、汤。

　　难点：如何处理花卉中不适合进食的部分，制作花粥、花菜、花糕等。

活动准备

　　玫瑰干花、槐树花、粳米、电磁炉（或煤气灶）、面板、菜刀、砂锅等。

活动过程

朝饮木兰之坠露兮，

夕餐秋菊之落英。

——《离骚》屈原

意为：早晨我饮木兰上的露滴，晚上我用菊花残瓣充饥

🔍 你知道吗？

在中国，食花之俗，由来已久，武则天于花朝日游园，下令御厨房烹制"百花糕"赏赐臣下；乾隆帝喜欢玫瑰花饼，西太后慈禧嗜花成癖……花与食的结合，古人称之为：花馔。文人墨客以花馔彰显其风流儒雅，王公贵族以花馔展示其富贵荣华，名媛淑女们则认为食花如花，花容体香，鲜花入食便成了雅事一桩。那么，你知道可以食用的花有哪些呢？食用的方法有哪些呢？

炒

拌

蒸

炸

🔍 试一试

如花般绽放美丽的玫瑰花粥——煮

玫瑰花，有清热利湿，凉血解毒等功效，可入茶，做汤，煲粥。用玫瑰花熬粥，成品色泽粉嫩如花般绽放，粥体浓稠香甜。且玫瑰花随粥入口，花瓣以及花蒂汁液给人以顺滑清甜的口感，很是清爽特别。根据不同功效食用花粥，不仅美味更是健康。

| 1. 将熬粥的材料备齐。 | 2. 将粳米糯米混合后洗净，加入适量清水，浸泡30分钟。 | 3. 将玫瑰花的花托摘除。 | 4. 将玫瑰花花朵用手指搓松以后在清水下洗净 |

| 5. 将洗净的玫瑰花用清水浸泡 | 6. 将浸泡好的米再次洗净后，沥干水分，倒入砂锅内。 | 7. 加入800克清水，加盖熬煮。 | 8. 2小时20分钟后，粥熬煮完成。 |

| 9. 加入适量的冰糖。 | 10. 将浸泡的玫瑰花沥干水分后，大致撕成花瓣，加入白粥中。 | 11. 花粥中加入冰糖，搅拌一下，再次熬制5分钟。 | 12. 将熬好的粥盛入碗中，剩余的花瓣点缀。 |

🪡 煲粥小贴士

1.冰糖的量可根据个人喜食甜度进行增减。

2.喜欢整个花蕾的同学，也可以不用将花瓣撕开。

3.不喜欢糯米的，可以将糯米的量用同等量的粳米替代。

4.粳米即稍圆一些，黏性强的大米，籼米即细长，黏性弱的清香大米。

查一查：玫瑰化的种类有哪些？有什么药用价值？做玫瑰花粥时，可否用高压锅或者电饭锅代替砂锅，为什么用砂锅而不是铁锅？

清香槐树花——炒

1.粗加工

（1）四月底五月初，乳山的槐花一片片芳香，将开未开的花，最适合吃。（新

鲜的槐花，没沾过水的，可以用保鲜袋密封保存，可以存放一周，长久保存可以直接冰箱冷冻保存，晒干保存）

（2）用清水把摘好的槐花清洗干净，放在箩筐里空干水分。最好多清洗几遍。

（3）清洗时要仔细，像这样的小梗子都不要，还有些细细碎碎的，通过漏篮都漏出去了。

2.炒

（1）取适量放进碗里，打鸡蛋3个，搅拌均匀，可以加少许凉开水，炒出来的会更软嫩。

（2）葱姜辣椒的调味品切碎，加盐拌均匀！

（3）起锅开火，倒油，油温8成，倒入拌好的鸡蛋槐花糊糊，用中火，等糊糊静住了，再翻炒，可碎可整块，看个人喜欢，做法就跟炒鸡蛋一样。

3.想一想

生活中还有哪些食材亦可如此操作，成为美食？

香甜桂花糕——蒸

桂花一直是无法割舍的爱，它总会给人满满的甜蜜和爱。清香香甜给人唇齿留香的桂花糕，总是让人爱不释手。

桂花糕的食材清单：

粘米粉240克、水磨糯米粉120克、干桂花15克、

白砂糖130克、清水160克、盐2克、玉米油适量。

桂花糕的做法步骤：

①将粘米粉，糯米粉，100克白砂糖，水放入大碗中，充分搅拌。

②边搅拌边用手搓成潮湿的粗粉状后（将大颗粒用手捏散）。

③边搅拌边用手搓成潮湿的粗粉状后（将大颗粒用手捏散）。

④盖上湿布放置30分钟左右使其吸收水分。

⑤把湿粉倒入筛网，用勺子充分按压过筛成细粉，将15克干桂花，30克糖和2克盐放入搅拌机磨成桂花粉。

⑥将15克干桂花，30克糖和2克盐放入搅拌机磨成桂花粉。

⑦取出63克细粉和桂花粉混合搅拌均匀。

⑧在模具上薄薄刷一层玉米油，把其中一半糕粉240克轻轻地平铺在模具上，再均匀地铺一层桂花粉铺。模具铺粉时，是不可以按压的。最后倒入剩余的细粉，盖一层湿纱布。上蒸锅，蒸半小时左右，手指按下去没有干粉即可关火，趁热撒桂花，装盘。

想一想：如何摆盘会让桂花糕更美观，更具食欲？除了桂花还有什么花卉也可以做糕点呢？模具铺粉时，为何不可按压？（因为粘米粉、糯米粉本身蒸出来已经很糯，如再次按压会导致不糯，硬若石头，不易咬，更不易消化。）

🔍 拓一拓

上网找一找，填写任务单。

(一) 可食用的花				
名称	花的图片	功能	食用方法推荐	注意事项
如：槐树花		清热去毒、凉血止血、降低血压、	炒、蒸包子、煎鸡蛋饼……	选材为未开似开的花；食用前需焯水
……	……	……	……	……

(二) 不可食用的花		
名称	花的图片	不可食用的原因
如：夹竹桃		它的茎、叶乃至花朵都有毒，分泌的乳白色汁液含有一种夹竹桃苷，误食会中毒。
……	……	……

活动展示

评价指标	营养搭配	做工精细	造型创意	味道口感
作品1	★★★★★	★★★★★	★★★★☆	★★★★★
作品2	★★★★★	★★★★★	★★★★☆	★★★★☆
作品3	★★★★★	★★★★☆	★★★★★	★★★★★
作品4	★★★★★	★★★★☆	★★★★☆	★★★★★
作品5	★★★★★	★★★★☆	★★★★★	★★★★☆
作品6	★★★★★	★★★★★	★★★★☆	★★★★★

活动反思

　　花馔，原料易得易做，是素食的一种，又象征高洁雅趣，倍受文人雅士的喜爱。本节课，我们由鲜花引领学生进入美食的制作，学生懂生活、爱劳动，学会美食营养搭配，是学生贴近生活、适应生活、提高自理能力和生活品位的需求。

　　活动中，通过对鲜花的认知，花馔的烹饪方法，以及可食用与不可食用的鲜花的对照。让学生认识自然的同时，与大自然交朋友，原料取之于自然。通过花馔的制作过程，使学生掌握生活必备的基本技能，培养家务劳动的能力，进一步学会生活自理，形成自我服务意识和积极的生活态度。

　　本活动激发了学生的创作欲望，唤醒了他们对美食的热爱，感知生活的诗情画意。花馔的摆盘、制作时花香的享受、制作过程中美的认知，都在潜移默化中提高学生的审美能力和艺术素养，从而使其更加热爱实践活动，升华生活乐趣。

乳山市中小学综合实践学校　李梦竹

 # 创意早餐

　　俗话说："人是铁，饭是钢，一顿不吃饿得慌。"可是，由于早上的时间少，家长无暇或懒于做早餐，再加上缺乏对早餐的科学认识。所以，在小学生中不吃早餐或凑合吃早餐的现象普遍存在。而在人体一整天的生理机能活动中，早餐所发挥的作用是不可替代、不容忽视的。

　　对于小学生来说，如果不吃早餐或早餐质量不高，会直接影响孩子上午的学习认知活动。"早餐的学问"与每个孩子每一天的生活都息息相关。

活动目标

　　1.通过查找资料了解早餐的重要性和不吃早餐的危害，了解营养早餐的配制方法。

　　2.掌握营养早餐的简单制作方法。

　　3.了解"早餐学问"的同时，能改变学生的学习方式，发展学生的创新精神，提高学生的实践能力。

活动重难点

　　重点：学习创意早餐的制作方法。

　　难点：制作出一份独一无二的早餐，表现自己的设计风格。

活动准备

　　1.准备好烹饪所需的刀具、炊具、餐具等。

　　2.准备好鸡蛋、面粉、调味料等烹饪所需食材。

活动过程

孩子们，有趣的活动即将开启，老师相信你们都很棒！

《营养早餐》儿歌

早晨吃早餐，聪明又健康。

干稀要搭配，荤素要均衡。

蔬菜和水果，加上有营养。

早餐搭配要注意，酸奶不能加香蕉。

豆浆鸡蛋要分开，我的早餐有营养。

🔍 你知道吗？

我们早餐中的食物有很多种，要合理搭配在一起，营养才充分。

早餐不但要营养丰富，而且还要漂亮美观，味道还要香甜可口！小朋友们不但要吃早餐，而且各种食物要搭配在一起吃，这样才能健康成长！

🔍 试一试

创意早餐1：《爱的清晨》

1.准备食材：火腿肠、坚果、芝士片、蓝莓、方面包、草莓、西兰花、馒头、鸡蛋等。

2.制作过程：（1）选材，（2）切、蒸煮、揉、捏，（3）拼摆造型，（4）装饰。

①做草地：将西兰花切成小朵，焯水；开水煮沸后放入西兰花；加油、加盐（西兰花才能翠绿翠绿的），2分钟出锅捞起。

②做面包卷：切一片方形面包，切掉面包的四边，给面包"整形"，将整好形的面包用擀面杖稍微压一下（等下更好卷），将芝士片放在压好的面包上面，从一边卷起后，均匀切小块。

③吐司棒棒糖：用削皮刀削成均匀细长的长条火腿肠，长条的中间对折成蝴蝶结两边，中间部分切半条来固定，多余的部分掰断当"小太阳光线"，最后用牙签将"蝴蝶结"和面包卷固定在一起，美丽的吐司棒棒糖就做好了。

④拼摆造型：用西兰花做"草地"，各种水果点缀，面包当太阳，旁边的光线用碎片的火腿肠装饰，配上美丽的吐司棒棒糖，我们的每一天都从"爱的清晨"开始。

想一想：馒头、鸡蛋是家中最常见的食材，用馒头、鸡蛋还可以做出哪些美味早餐呢？

创意早餐2：三只小猪

1.准备材料：把馒头切成馒头片，把鸡蛋打入碗里，加入少许盐均匀搅拌变成蛋液。

2.炸馒头片：把切好的馒头片取出，将馒头片两面均匀地裹上鸡蛋液；加油热锅，然后放入馒头片煎至双面金黄取出。

3.造型：取出海苔，用剪刀剪出眼睛的形状，馒头片上安上眼睛；火腿切成片，取部分切小块做成耳朵，用吸管戳出两个鼻孔做成猪鼻子。给小猪们安上耳朵和鼻子，黄金小猪就完成了！

议一议：在制作过程中，你遇到了什么问题？为什么会这样？怎样解决？

🔍 拓一拓

你知道不吃早餐有哪些危害吗？

1.不吃早餐的孩子全天营养素的摄入低于吃早餐的孩子，而且早餐所提供的营养是孩子上午活动和学习的重要保证，经过一夜睡眠，身体有10多个小时一直在消耗能量却没有进食，或者应付进食，不能够给人体需要营养的早餐来重新补充、储藏能量。会对孩子的身体健康造成严重的危害。

2.孩子早上不吃、或吃不好早餐，大脑的反应能力和专注度就会迟钝。如果没有及时食早餐，体内无法供应足够的血糖消耗会感到疲倦、思考无法集中、精神不振。还会导致身体抵抗能力下降，容易生病。

3.长期不吃早餐容易发胖。不吃早餐会使机体血糖降低，影响控制饥饱的中枢神经，从而产生饥饿感。这样，中午吃进的食物特别容易被肠胃吸收，更容易形成皮下脂肪。而且，由于吃得过多，食物消化后，多余的糖分大量进入血液，也容易形成脂肪。因此，在空腹时，体内胆囊中的胆固醇饱和度比较高，容易形成胆结石。长此以往，体内的平衡系统便会受到严重破坏，从而出现贫血和营养不良现象。

活动展示

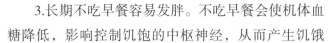

评价指标	营养均衡	做工精细	造型创意	味道口感
作品 1	★★★★★	★★★★★	★★★★☆	★★★★★
作品 2	★★★★★	★★★★★	★★★★☆	★★★★☆
作品 3	★★★★★	★★★★☆	★★★★★	★★★★★
作品 4	★★★★★	★★★★☆	★★★★☆	★★★★★
作品 5	★★★★★	★★★★☆	★★★★★	★★★★☆
作品 6	★★★★★	★★★★★	★★★★★	★★★★★

活动反思

1.拓展延伸。其实创意早餐的做法还有很多，我们可以利用身边容易得到的一些食材进行组合、拼造型，只要我们善于动手动脑，就会创造出更美的餐食，有兴趣的同学可以收集各种材料来制作丰盛的早餐，赠送给自己的父母、家人和好朋友。

2.本次活动课激发了同学们的学习兴趣，通过各种创意早餐展示，调动了学生的积极性，也调动了学生动手做早餐的兴趣，在活动中培养了学生的收集信息和动手的能力。

3.体现学科知识的整合，在活动过程中，学生通过调查，收集等活动，用语文、美术以及生活中积累的各方面的知识，学以致用。孩子们在活动中发展，在活动中受益，在活动中体验成长，在活动中培养创新精神和实践能力。

乳山市光明街小学　于宁

 # 果蔬彩面

活动背景

　　面条，是一种既常见又普通的面食，柔软光滑、易于消化，可以说家家会做，人人常吃，随着人们生活水平的提升，又出现了各种颜色的果蔬面条，就是将各种果蔬与优质面粉等原料进行科学配比制作出系列营养果蔬彩面，色彩缤纷，是"色、香、味、形"的完美结合。

　　本活动让孩子们了解面条的不同做法，也满足孩子们参加劳动的愿望，通过劳动体验成功的喜悦。

活动目标

1.通过学习，了解面条的种类。

2.通过动手操作，掌握做面条的方法、尝试做果蔬彩面。

3.体验做面条的乐趣及劳动成功的喜悦，感受父母的辛苦，提升学生的动手能力和实践能力。

活动重难点

　　重点：学习掌握做面条的基本技能。

　　难点：学会面条的基本切法。

活动准备

　　蔬菜、面粉、盐、实用碱、果汁机、和面盆、压面机、擀面杖、刀等。

活动过程

　　"本来一大片，变成条条线，是线不做衣，碗里常常见。"（打一食物）你猜到了吗？谜底揭晓：面条。孩子们，让我们一起给妈妈爸爸做一碗果蔬面吧。

你知道吗？

大家知道面条都有哪些种类吗？

想一想

1.大家想一想，要做出彩色面条我们需要准备哪些工具和材料呢？

2.有了齐全的工具和材料，大家再想一想，如何能做出彩色面条呢？

学一学

1.榨　汁

做彩色面条，需要各种颜色的蔬菜水果榨汁。我们常用的是菠菜、胡萝卜、火龙果等。

（1）菠菜汁步骤：

①菠菜用淡盐水浸泡3分钟后清洗干净；②控水后切段备用；③放入搅拌杯中，加入清水；④榨汁机（或破壁机）插电工作，按果蔬键（或点动键）2～3下即可；⑤取一块干净纱布盖在杯子上或用纱网过滤一下菜渣。

（2）胡萝卜汁步骤：

①将胡萝卜刷洗干净，切块备用；②将小块放入榨汁机的入口，启动机器按果蔬键（或点动键）；③取一块干净纱布盖在杯子上过滤出胡萝卜汁。

（3）火龙果汁步骤：

①将火龙果去皮切块备用②将小块放入榨汁机的入口启动机器按果蔬键（或点动键）③取一块干净纱布盖在杯子上过滤出火龙果汁。

2.揉　面

（1）用料一：普通面粉400克，水120克，盐3克，食用碱3克。

步骤：①洗净手，食用碱、盐放入碗中，加一点温水化开；②400克面粉放在干净的盆里，倒入化开的碱水；③再加入120克水用筷子搅匀，面团稍硬为好；④揉好放盆里盖上保鲜膜醒发半小时。

（2）用料二：普通面粉400克，新鲜菠菜60克，水140克，盐3克，食用碱3克。

步骤：①用菠菜汁和面，面团稍硬为好；②揉好放盆里盖上保鲜膜醒发半小时。

（3）用料三：普通面粉400克，新鲜胡萝卜80克，水140克，盐3克，食用碱3克。

步骤：①用胡萝卜汁和面，面团稍硬为好；②揉好放盆里盖上保鲜膜醒发半小时。

（4）用料四：普通面粉400克，红心火龙果120克，水140克。

步骤：①用火龙果汁和面，面团稍硬为好；②揉好放盆里盖上保鲜膜醒发半小时。

揉面技巧：

（1）做面条用的面要硬。手揉的话，要尽可能的硬，揉一会，饧上10分钟再揉一会，如此反复几次，面团就会越来越劲道了。

（2）如果用压面机的话，要把面团和得更硬一些，这样用压面机反复压过之后才能软硬适中，只有面团够硬，煮出来的面条才劲道。

3.压面/擀面

（1）压面：

①取一份用压面机1档压成面皮；②调成3档压出较薄面皮；③用4档或5档压出

光滑、厚薄适中的面皮。

（2）擀面：

①将面皮如下图用擀面棍卷起；②用手掌的力量推压面皮，如此重复打开，再从不同方向卷起推压；③用手掌的力量，从中间向外推压。

温馨提示： 记得要在面皮和工作台上撒上手粉，以免粘上。

4.叠面、切面

将面皮撒上手粉后，如下图折叠面皮，然后左手弯曲轻轻按住折叠好的面皮，右手拿刀以自己喜欢的宽度，慢慢地一刀一刀地切出均匀的面条形状。

温馨提示：

面条粗细均匀的切法：

左手弯曲轻轻按住折叠好的面皮，右手拿刀以自己喜欢的宽度，慢慢地一刀一刀地切出均匀的面条形状。其实要切出粗细均匀的面条的秘诀就是"熟能生巧"。

试一试

1.根据自己的喜好，试着为爸爸妈妈做一份养眼又营养的果蔬彩面吧！

2.使用压面机或刀具时一定要注意安全！

拓一拓

1.如何能做出渐变色的面条呢？

取不同颜色，大小不一的几块面团，压成面皮，叠放在一起，然后切成自己想要的宽度的渐变色面条。

  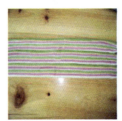 

2.试一试做出其他果蔬面条，比如蝴蝶面，海螺面等。

（借助工具的选择）

上网找一找，可以学习更多果蔬彩面的方法哦！

活动展示

下面我们一起来欣赏一下同学们的作品吧。

作品一　　　　　　作品二　　　　　　作品三　　　　　　作品四

手工作品课堂评价量表

活动内容：	班级：	姓名：	时间：

制作能力	作品一	作品二	作品三	作品四
设计新颖	★★★★★	★★★★★	★★★★★	★★★★☆
色彩搭配	★★★★★	★★★★★	★★★★★	★★★★☆
做工细致	★★★★☆	★★★★★	★★★★★	★★★★☆
干净整洁	★★★★★	★★★★★	★★★★★	★★★★☆
合　计	★★★★☆	★★★★★	★★★★★	★★★★☆

活动分析

　　本次活动课学生在"动手做""探究""反思"的过程中进行体验、体悟、体认，在参与做面过程中能发现问题、分析问题，进而去解决问题，同时也体验和感受了家庭生活及父母的辛苦，提升了他们的动手实践能力和创新能力。

　　本节实践活动以制作各种颜色的果蔬面条为内容，贴近学生生活实际，难度适中，学生可以根据日常积累的生活经验及自己的喜好制作色彩缤纷、营养丰富的面条。活动前，教师引导学生在家中观察家长做面条的方法和过程，网上搜集果蔬面条的相关知识，做足准备工作。活动中，同学们群策群力，根据课程提供的各种果蔬面条的制作方法及自己的喜好饶有兴趣地去尝试，最终呈现给大家一个个赏心悦目的作品。

　　"果蔬彩面"的设计旨在将思想教育与非遗文化相结合，在体验劳动辛苦的同时也让学生明白一粥一饭来之不易，进而让学生传承并发扬我们勤劳节俭的美德。

乳山市怡园中学　王大庆

缤纷果盘

 活动背景

　　水果是学生日常生活特别喜爱的美食，它不仅味道甘美，而且能给我们人体带来多种营养和微量元素。如果能把各种不同品类和颜色的水果合理搭配在一起，它们的色泽就会更加诱人，营养更加丰富，更能吸引同学们去品尝。水果拼盘正好解决了这个问题。同时，精美的水果拼盘，还能使他们得到艺术的、美的享受。

　　通过本活动的设计，学生能掌握简单的拼盘技巧，并学会在合作中碰撞思维，做出更多有创意的作品。

活动目标

　　1.通过引导学生查找资料，了解各类水果的营养成分，从而喜欢和接受各种口味的水果，科学食用水果；同时展示有关制作水果拼盘的文字和图片，获得明确的感性认识。

　　2.传授学生基本的水果切割方法，使学生掌握基本的拼盘制作技能，最终制作出自己喜爱的富有主题的水果拼盘。

　　3.通过组织学生动手制作水果拼盘，培养他们动手、审美和创新能力，体验劳动的快乐，养成爱动手的好习惯。

活动重难点

　　重点：剖切水果。

　　难点：让作品具有一定的主题和想法。

活动准备

　　水果刀、果盘、围裙、桌布、小菜板、竹签、各种洗净的水果或蔬菜等。

活动过程

"一骑红尘妃子笑，无人知是荔枝来。""独绕樱桃树，酒醒喉肺干。""五月杨梅已满林，初疑一颗值千金。"……古人已将水果的鲜美和功效描述得惟妙惟肖、淋漓尽致，今天就让我们走进水果的缤纷世界，用另一种形式——水果拼盘来将其完美诠释！

同学们，美丽的活动即将开启，老师相信你是最棒的！

🔍 你知道吗？

观看水果资料视频，了解各种水果的主要产地、营养成分、食用禁忌、健康吃水果四大原则，进一步了解水果与人们健康的关系，及一般的健康生活常识，并通过对水果产品的了解，水果艺术的欣赏等激发学生探索水果的兴趣。

了解完丰富的水果知识，我们就来学一学，做个小小设计师，一起来做一道色、香、味、形、营养俱全的水果拼盘吧。

🔍 想一想

1.展示水果拼盘图片。请同学们观察一下：水果拼盘中用了哪几种水果？这些果肉都是什么形状的？（圆形、三角形、扇形、半圆形、小方块）说一说每种水果都是怎么切的？切好的水果又是怎么摆放的？（同一种水果要按照一定的顺序摆放）

2.展示蔬菜拼盘图片。请同学们观察下面拼盘又是用的什么材料制作的呢？各种材料又是如何利用的呢？它们又被裁剪出了什么形状？

厨房里随手扔掉的菜叶亦可捡回来构思拼组成美丽的图案；山药片可做洁白花瓣，山药皮可做枝杆；小小西红柿可做小灯笼……生活需要创意，相信同学们欣赏完这些美丽的拼盘作品，也会产生自己别致的创意！

做一做

1.选材，2.消毒，3.切割，4.削剪。

学一学

1.红玫瑰花制作

（1）西红柿削皮。像削苹果皮一样，从头连到尾，千万不要断开。注意不要削得太直，太直了做花瓣不美观。

（2）将削好的皮一圈一圈卷成玫瑰花的造型。

（3）用牙签固定住，玫瑰花底部用黄瓜片做绿叶衬托。

2.黄玫瑰花制作

半个芒果切片，用牙签串成花朵状。

也可用黄瓤猕猴桃切片，牙签串成花朵状。

3.简易向阳花制作

（1）半个猕猴桃用水果刀切下数个V型小块，成花朵状。

（2）再把皮分开做花瓣。

试一试

每一种水果，都有属于它自己的颜色和心情；每一次劳动，都有属于它自己的意义和价值。欣赏了优秀的拼盘作品，学习了水果切割方法，接下来就让我们利用手中鲜美的水果，根据自己的喜好，发挥你的聪明才智，做一盘色彩鲜艳、与众不同、富有主题的水果拼盘吧！

> **温馨提醒：**切水果时一定要把手擦洗干净，要一手拿水果刀，另一只手按住水果，防止水果滚动。

🔍 拓一拓

学会了水果拼盘，同学们是否想到，如果在日常餐桌上，为家人做一盘可口的菜肴，配上精美的盘花，是不是会给自己的厨艺增色不少呢？同学们会做什么菜呢？你想给家人做一道什么菜肴？下面我们先来学一道色香味俱全、营养丰富、步骤简单的西红柿炒蛋吧，再配上精美的玫瑰花。

盘花材料：西红柿、黄瓜（或绿叶代替）。

菜肴材料：西红柿、鸡蛋、香菜、盐、白糖、花生油。

操作步骤：

1.先用西红柿和黄瓜做出两朵精美的红玫瑰盘花备用。

2.西红柿切丁撒上盐和白糖，撒上葱花，筷子搅拌入味，三分钟后再炒，这是西红柿炒蛋好吃的秘诀哟！

3.热锅加花生油，油热摊鸡蛋，鸡蛋炒好加西红柿。

4.最后放香菜，入味，出锅。

5.摆上盘花，一盘色香味俱全的西红柿炒蛋做成，美美地与家人分享吧！

闲暇的周末，让我们利用厨房现成的黄瓜、圆葱、西红柿、辣椒、萝卜、菜叶等，搭配不同颜色，佐上美丽的心情，酿制精美的菜肴，为家人奉献一道亮丽的餐

桌风景吧！

其实制作拼盘的方法和材料还有很多，我们可以利用身边容易得到的一些蔬果等进行组合，发挥你聪慧的想象，进行别样的构思，用你灵巧的小手，创造出各种赏心悦目的精美图案，为家人送上装满自己浓浓爱意与智慧的果盘或菜肴。

如果你想学习更多的蔬果拼花技巧，上网找一找，快乐学习，创造属于自己的传奇吧。

活动展示

评价指标	营养均衡	做工精细	造型创意	味道口感
作品 1	★★★★★	★★★★★	★★★★☆	★★★★★
作品 2	★★★★★	★★★★★	★★★★☆	★★★★☆
作品 3	★★★★★	★★★★☆	★★★★★	★★★★★
作品 4	★★★★★	★★★★☆	★★★★☆	★★★★★
作品 5	★★★★★	★★★★☆	★★★★★	★★★★☆
作品 6	★★★★★	★★★★★	★★★★☆	★★★★★

活动分析

1.本次实践活动，以指导学生学习欣赏和制作水果拼盘为主要活动内容，取材于生活，有趣而又有挑战性，是一项富有艺术美感，又有生活意义的实践活动，有助于培养学生的动手操作和劳动、审美、创新能力，使之产生动手劳动和实践学习的幸福感、成就感，更多了解水果的品类、口味和营养，从而防止偏食，热爱生活。

2.本次活动可分为三大部分：课前，组织学生从书籍和网上查找资料，形成对水果和拼盘的初步认识，并调动他们的活动积极性；从生活中获取个人喜欢的不同品类的水果，促使他们深入生活，认识水果的基本属性特征。活动前，引导学生展示交流有关制作水果拼盘的文字和图片，从而获得明确的感性认识。活动中，引导学生根据需要挑选水果并清洗消毒，教给他们如何切割和削剪水果的方法，并摆盘造型，使学生掌握基本的拼盘制作技能，最终制作出自己喜爱的富有主题的水果拼盘。制作中，注意指导和帮助学生完善他们的作品，及时鼓励和展示他们的创意和成果，不断激发他们制作的兴趣和灵感，让学生由此创制出新的作品。要把大量的时间留给孩子们去实践。课后，鼓励学生继续巩固完善自己的拼盘作品，或进一步拓展，用水果做出更多的色香味俱全的美食，并与家人、同学分享，品味劳动果实的甘美，进一步强化本次实践活动的成果。

3.创制水果拼盘是一种对美好生活的追求，也是培养学生艺术美感和诗意生活的有益尝试，其中蕴含着极为深厚的艺术素养，做好拼盘绝非一日之功。本次活动主要是将学生引入艺术欣赏和制作之门，让学生在点滴进步之中品味劳动和艺术的甘美，从而更加热爱生活、艺术和实践活动，并在日后的生活中自觉地勇于尝试和实践，不断在追求艺术和实践之美中升华对生活、对艺术的感悟和热爱。

乳山寨镇中心学校　刘新华

美味面饼

 活动背景

　　中国是一个餐饮文化大国，由于各地气候、物产和饮食风俗不同，形成了具有地方特色的风味美食，但是米面绝对是中国人的主食。尤其是在胶东地区，历经岁月的打磨，馒头、面条、花卷、油条、烧饼、油饼、馅饼、喜饼、饺子、包子、馄饨等面点小吃历久弥新，风味各异，品种繁多。

　　以面粉为原料的面饼类食物花样繁多，味道独特，制作简单，是餐桌上常见的美食。本节通过学习做简单的豆沙饼和芝麻酱烧饼，举一反三，就会做出其他美味面饼。

活动目标

　　1.通过查阅美食资料，了解面点小吃常见的种类。

　　2.通过视频和图解，掌握制作豆沙饼和芝麻酱烧饼的方法，并举一反三，尝试用各种馅料制作其他样式的面饼。

　　3.通过体验做面饼的乐趣，培养学生的动手实践能力和热爱劳动的习惯。

活动重难点

　　重点：学习掌握做面饼尤其是豆沙饼和芝麻酱烧饼的基本技能。

　　难点：学会制作各种馅料的花样美味面饼的基本做法。

活动准备

　　1.面粉、酵母、温水、一包红豆沙、一瓶芝麻酱、食盐、五香粉、擀面杖、面板、菜刀、勺子。

　　2.电饼铛或者平底锅、木铲子、筷子、小盆。

　　3.每人一套盛馅饼的餐具。

活动过程

导入：人间烟火味，最抚凡人心，有美食点缀的日子，一定是闪着光亮的，有美食相伴的日子，一定是美好动人的。亲爱的孩子们，今天的这堂课，我们就乘上劳动号列车，去开启一场美食之旅。老师相信，你们是最棒的！老师也相信，这趟美食之旅，我们一定会收获满满，不负时光，不负美食，不负爱。

你知道吗？

我们中国的美食文化源远流长。在唐朝，全民写诗，诗人"吃货"比比皆是，大诗人白居易就是美食达人，平时，他"晓日提竹篮，家僮买春蔬。青青芹蕨下，叠卧双白鱼"，极有"吃货"的情调。他还喜欢吃烧饼，他在一首诗《寄胡饼与杨万州》里写道："胡麻饼样学京都，面脆油香新出炉。寄与饥馋杨大使，尝看得似辅兴无。"单凭这句诗，我们就可以肯定白大诗人是真正的吃货，还是吃货里的高境界！听着他诗里描述的"面脆油香新出炉"的烧饼，你是不是也想亲自下厨做出热乎乎的烧饼呢？

想一想

观看制作面饼的视频，欣赏成品美味豆沙饼和芝麻酱烧饼的图片，想一想制作步骤。

做一做

1.和　面

用料：普通面粉300克，水200克，酵母2克。

步骤：碗里倒入200克左右的温水，水里面倒入2克酵母，水和酵母充分溶解后，倒入面粉，用筷子搅拌，最后用手揉成柔软的面团，柔软一点面发得快，烙出的饼也柔软。

2.醒　发

敷上保鲜膜放温暖处发酵到原来的2倍大，没有保鲜膜用个小盆盖上也行。发酵好的面团，用手扒开看看，里面有很多蜂窝状的小孔。

3.分成小剂子

面发好后，将面团一分为二，取出其中的一块，把它转移到面板上，按压排气，用手揉一揉，然后揉成长条，按自己的喜好分成小剂子。

4.擀面皮，放豆沙馅

取一个小剂子，按扁，用擀面杖擀开。不要擀太薄，太薄烙出来就不软了，放入豆沙馅。

5.封口，按扁

封好口，包成包子形状，轻轻按扁。（不需要用擀面杖擀开，用手轻轻按扁就可以）。

6.做芝麻酱烧饼

把另一块醒发好的面团取出来，在面板上按压排气，用手揉一揉，用擀面杖擀成薄薄的长方形面皮，面皮上撒上薄薄一层盐，盐涂抹均匀。再撒薄薄一层五香粉，也均匀涂抹上去。最后将芝麻酱均匀涂在上面，面皮卷起来，卷成一个长条面团，把长条面团两侧和中间封口封好，切成均匀小剂子，小剂子两侧封口捏紧、封好，再把小剂子揉成圆圆的面团，面团用手按压成小圆饼。

7.烙 饼

电饼铛或平底锅上抹上一层花生油，加热后，放入豆沙饼坯子和芝麻酱烧饼坯子，每个面饼上面再抹一层花生油，盖上盖。一边烙黄后，翻面，反复翻面几次，待两面烙至金黄后，用铲子按压几下，面皮不会凹陷下去，就表明熟了，可以出锅啦。

🔍 试一试

尝试做出更多花样馅饼吧。比如韭菜馅饼、三鲜馅饼、荬瓜馅饼、白菜粉条豆腐馅饼、猪肉馅饼等。

只要你学会了豆沙饼，其他面饼基本也是这样的做法，只不过是把里面的馅料换成其他馅料，例如荬瓜馅饼就是里面的馅是荬瓜切成丝，加上炒好的鸡蛋饼，放入适量食盐、油、五香粉调馅，以此类推，白菜粉条豆腐馅饼，韭菜鸡蛋馅饼，猪肉馅饼，三鲜馅饼等，都是用这个基本方法做成的。

🔍 拓一拓

1.冬天天气冷，如何让面醒发得快一些呢？

天气冷的时候，想要快速发酵面团，我们可以在蒸锅里面加入适量的清水，锅中的水冒出热气的时候把火关掉，把盛放面团的盆子直接放入蒸锅中，让面团在温暖的环境中进行发酵，这样会增加发酵的速度，面也会发得又快又好。

2.如何判断馅饼是否熟了？

烙馅饼的过程中，馅饼受热会膨胀，膨胀之后慢慢再扁下去，再等待三到五分钟，两面金黄就可以了。

活动展示

评价指标	营养合理	色泽金黄	创意馅料	味道口感
作品一	★★★★★	★★★★★	★★★★☆	★★★★★
作品二	★★★★★	★★★★★	★★★★★	★★★★★
作品三	★★★★★	★★★★★	★★★★★	★★★★★
作品四	★★★★★	★★★★☆	★★★★☆	★★★★☆
作品五	★★★★★	★★★★☆	★★★★★	★★★★★
作品六	★★★★★	★★★★★	★★★★★	★★★★★

活动分析

　　教师通过视频介绍和方法图解演示，先让学生了解美味面饼的基本制作方法，掌握美味豆沙饼和芝麻酱烧饼的制作步骤，然后由此拓展到其他馅饼的制作，最后进行了两种面饼的成品展示。本篇所演示的，是最基本的方法，因篇幅所限，对其他面饼未做详细讲解。

　　美食活动是学生们非常喜欢，也乐于积极参与的。活动前，教师让学生在家中观察家中面食制作过程，激发学习制作美味面饼的兴趣。活动中，教师通过两种美味面饼的制作和展示，既调动了学生的积极性，也激发了学生亲手制作美食的兴趣，并在活动中提升了做饭能力，产生探究各种美食的欲望。

　　在本次美食制作过程中，学生用心观察，并在动手制作中体验到劳动的快乐，达到了综合实践活动课程的目的。由于馅料多种多样，所以面饼口味也是千变万化，但基本制作步骤大同小异。学生可以在此基础上大胆创新，制作出色香味俱全的美味面饼。

乳山市第二实验小学　郭冬梅

第四章 非遗传承篇

　　习近平总书记在党的十九大报告中强调，"文化是一个国家、一个民族的灵魂"。非遗文化充满人文底蕴和人文情怀，是中国文化的重要组成部分，学生对于"非遗"文化的学习会直接影响到本身核心素养价值观的形成，由此激发学生对中国传统文化的崇敬之心、自豪之感、创新之情。

　　本篇所选综合实践活动皆是学生生活中常见的、看得到、摸得着的艺术。这不仅让学生学习到了很多文化知识，而且让他们近距离感受非物质文化遗产独特的文化魅力，使枯燥的学习变得丰富多彩和灵活生动。这些综合实践活动既让学生体会到了非遗项目绝佳的技艺，也传承了伟大神圣的民族精神。

　　学生通过本章课程的学习，不仅能够丰富自身的文化底蕴，更重要的是能够提升他们的道德素养和人文情怀，更好地进行非遗文化的传承和创新。本章的学习内容能让非遗文化发扬光大，让传统文化熠熠生辉，让中国文化更加自信。

 戏曲脸谱

 活动背景

　　脸谱是一种色彩浓重、线条分明、夸张与象征相结合的脸部造型艺术。特别是脸谱的色彩运用，富有褒善扬恶，评判好坏的深层意义。戏曲脸谱对于学生来说是一种新鲜的、有趣的知识，学生有浓厚的学习兴趣和强烈的表现欲望，选择这一课教学内容，有利于提高学生对设计元素的借鉴能力，非常适合学生居家实践活动。

　　本课旨在让学生了解传统脸谱艺术的造型规律及艺术特色，引导学生参与中华民族传统艺术的传承。

活动目标

　　1.通过查找资料，了解戏曲脸谱艺术特色，了解谱式、色彩等方面的基础知识。

　　2.通过观察制作，培养戏曲脸谱艺术的欣赏能力和创作表现的能力。

　　3.通过脸谱欣赏，激发热爱中国脸谱艺术的情感，增强民族自豪感。

活动重难点

　　重点：观察脸谱的造型和色彩，掌握绘制脸谱的基本方法。

　　难点：设计制作有创意的戏曲脸谱。

活动准备

　　戏曲脸谱资料、卡纸、水粉色、调色盘、毛笔等。

活动过程

　　蓝脸的窦尔敦盗御马，红脸的关公战长沙，黄脸的典韦，白脸的曹操，黑脸的张飞叫喳喳……同学们，一首好听的《说唱脸谱》将我们带进了今天这节课，你准备好了吗？

🔍 你知道吗？

1.了解京剧行当相关知识——生、旦、净、丑

2.了解脸谱图案相关知识

额头图
眉型图
眼眶图
鼻窝图
嘴叉图
嘴下图

3.了解脸谱谱式

脸谱的谱式

十字门脸 整脸 碎花脸 歪脸 三块瓦脸

4.了解脸谱色彩含义

红色：代着忠贞、英勇；黑色：表现正直、无私、刚直不阿；白色：代表阴险、疑诈、飞扬、肃煞；紫色；表现刚正、稳练、沉着；黄色：代表骁勇、凶猛；金色：代表神仙、高人；绿色：代表顽强、暴躁；蓝色：代表刚强、骁勇、有心计。

🔍 学一学

观看视频：示范水墨画脸谱和儿童画脸谱。

孩子们，观看了老师的示范视频，你们知道脸谱的绘画步骤吗？

1.画出轮廓，找到中心线；2.画出图案；3.填涂颜色。

🔍 试一试

主题:《戏曲脸谱》

回忆欣赏过的脸谱，结合自己的想法，创作一幅戏曲脸谱。

1.色彩对比强烈。

2.花纹有特点，可以有一定寓意。

3.可以根据自己的爱好给脸谱加头饰。

4.使用剪刀和刻刀时一定要注意安全!

🔍 拓一拓

我们还可以用很多不同的材料制作脸谱，例如可以画在纸杯、蛋壳或鹅卵石等材料上，成为一件有特色的小工艺品。

活动展示

"戏曲脸谱"设计制作评价量表

评价指标	创意新颖	粘贴牢固	做工细致	干净整洁	色彩搭配
①	★★★★	★★★★	★★★★	★★★	★★★
②	★★★★	★★★★	★★★★	★★★★	★★★★
③	★★★	★★★★	★★★★	★★★★	★★★★
④	★★★★	★★★★	★★★★	★★★★	★★★★

活动分析

　　本次活动通过播放视频、图片等多种手段，让学生深入感受，拉近与戏剧的距离，使综合实践活动与其他学科得以交融、延伸。素材选择结合学生的生活实际，能够让学生轻松参与，为学生提供多种形式的表现自我的机会。

　　活动前，孩子们通过查找资料，进行观察、比较、思考，了解有关京剧的文化、脸谱的由来、脸谱的象征以及脸谱的绘制方法。活动中，教师创设多个情境，让学生了解戏曲脸谱制作的色彩丰富、线条多变，以及通过脸谱表现出不同的性格特点，这些都让他们觉得既深奥又有趣。整节课有看也有学，有赏也有画。一切从学生的兴趣出发，经探究理解之后进入想象和创作的过程，符合学生的认识和创作过程。

　　通过此次戏曲脸谱制作活动，学生们在锻炼动手能力的同时开阔眼界，对中国的传统戏曲文化有了进一步的了解。

乳山市乳山口镇中心学校　钟武生

提线木偶联欢会

 活动背景

中国木偶戏是中国艺苑中一枝奇葩，于2006年入选国家非物质文化遗产名录。提线木偶古称"悬丝傀儡"，又名"吊线子戏"，是在木偶的重要关节部位缀着丝线，表演时由演员拉动丝线以操纵木偶的动作。它起源于汉代，盛行于唐朝，是目前木偶戏中历史最长的稀有剧种。

提线木偶戏对学生来说是喜闻乐见的，学生自己动手制作并编排成剧，在玩一玩、做一做、演一演的过程中传承非物质文化遗产，增强文化自信。

活动目标

1.了解动物的外形特征，选择相匹配的头、尾等进行组合，掌握提线木偶的制作方法。

2.通过编排有意义的提线木偶剧，开发创新思维，体验制作与表演的快乐。

3.培养造型能力、设计能力、动手实践能力和合作策划能力，弘扬中华民族优秀传统文化。

活动重难点

重点：掌握制作提线木偶的方法。

难点：提线的连接、调节方法。

活动准备

纸、水彩笔、油画棒、圆纸筒、剪刀、针、线、木棍或筷子等。

活动过程

"幕后其人牵线索，台前木偶整衣冠。"这句话把好玩的提线木偶描述得形象至极。孩子们，让我们留住文化之"根"，传承非遗之"魂"，用小巧手来制作能动起来的提线木偶吧！

🔍 你知道吗？

中华文化博大精深，华夏五千年的历史沉淀了众多的非物质文化遗产，"一线串成天下事，双手拨动古今人"的提线木偶便是其中之一。提线木偶的嘴、眼、耳、手都能活动，能拿壶斟酒、举杯喝酒、翻跟斗、摔旋子……像活人一样活灵活现，形象逼真；能上天入地，腾云驾雾……无所不能，具有"不是真人胜似真人"的效果。提线木偶这么神奇，你知道它是怎样制作的吗？都需要准备哪些材料？我们来试着做一个吧！

🔍 试一试

【制作准备】

纸筒、彩纸、卡纸、白纸、尺子、固体胶（双面胶）、记号笔、铅笔、瓶盖、线绳、小木棒（一次性筷子）、剪刀、针。

【制作过程（以小狐狸为例）】

1.给纸筒贴上一层彩纸做小狐狸的身体。

2.在卡纸上画出小狐狸的头和尾巴，在白纸上画出鼻子、胡子和尾巴上的白毛，分别剪下来并组合好，在头上画上眼睛、鼻子并涂成黑色。

3.在身体上胳膊和腿对应的位置打上孔，把线绳穿进孔里当小动物的四肢，把瓶盖固定在腿部线绳的底端当脚，把头和尾巴固定到身体上。

4.用皮筋把两根木棒固定成十字。用线绳把小狐狸的手和十字架中一根木棒的两端连接起来，转动另一根木棒操纵小狐狸，小狐狸提线木偶就做好了。

🔍 说一说

制作提线木偶需要注意什么呢？

注意问题：

1.木偶的头部可以为纸片状、圆筒状等。四肢可以用线绳制作，能反复折叠，也可用两条纸对成九十度折叠，折成纸弹簧。

2.提线长短要适中，头部提线最短，其次是胳膊和腿。提架可用木棍做，也可以用筷子做。先拴棍来后拴偶，十字焦点要拴牢。

3.使用剪刀和绑木棍的时候要注意安全。

4.制作过程要有信心，不要怕失败。

🔍 拓一拓

你还可以做出哪些提线木偶呢？参考网上视频创新出自己别具一格的作品吧，期待大家作品的闪亮登场！

活动展示

欣赏一下这些同学制作的作品，学习他们设计制作的优点吧！

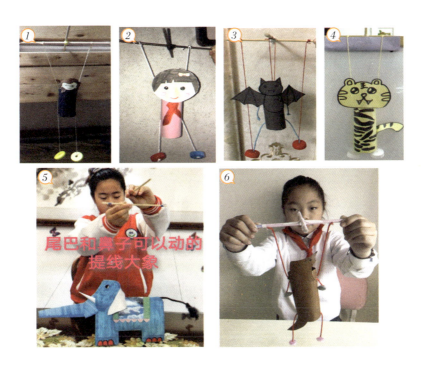

评价指标	形象逼真	做工细致	连接牢固
① 老师	★★★★	★★★★	★★★★★
② 少先队员	★★★★★	★★★★	★★★★★
③ 蝙蝠	★★★★★	★★★★★	★★★★★
④ 老虎	★★★★	★★★★★	★★★★★
⑤ 大象	★★★★★	★★★★★	★★★★★
⑥ 穿山甲	★★★★	★★★★★	★★★★

这些提线木偶可不简单，他们还给大家带来了一个精彩的小故事呢，我们来欣赏一下吧！

非遗传承之提线木偶联欢会

老师： 孩子们，快开学了，我们开个派对放松一下吧！

少先队员： 好的，老师。让我们的野生动物朋友们一起参加好吗？

老师： 好的，非常欢迎！

少先队员： 朋友们，你们最近过得好吗？

小动物们回答： 我们很好，我的朋友！

蝙蝠： 我亲爱的朋友，见到你很健康，我非常开心！我身上寄生着1000多种病毒，我让病毒统统寄生在自己身上，就是为了不让它们出去危害众生。可是，你们人类却把我当作美味吃掉，把我身上封存的病毒散播出去，对此我感到很无助。我的朋友，请转告你的同伴们，为了自身的健康，请不要吃蝙蝠了。

大象： Hello，我的朋友，很荣幸能参加你的晚会。有没有发现我的牙齿今天格外亮白？为了参加聚会，我特意请牙医把它清洗了一次。它是我的骄傲，希望人类朋友们也能知道它对我的重要性，不要总是想来抢夺我的牙齿。来，为我们的和平和友谊干杯！

所有角色： 干杯！

狐狸： 朋友们，我今天这身外套是不是很漂亮？

少先队员： Very beautiful！我的朋友，感谢你的到来！

狐狸： 可是我这身漂亮的外套惹祸了，总被你们的一些人类同伴紧盯着，追着要我的这件外套。要是我能像穿山甲老兄这样，有一身坚硬的盔甲就好了。嗨，老兄，你这身"兵马俑"的铠甲太威武了！可今天不是化妆晚会哟！

穿山甲： 狐狸小姐，我这身铠甲可是我生命的一部分，脱掉它我会没命的。稍等，我去加个领结。

（穿山甲去加领结回来。）

穿山甲： 怎么样？狐狸小姐，这样我们两个是不是很般配？你那柔美的身材加上华丽外套，太完美了！能否邀请你跟我共舞一曲？

狐狸： 不好意思，老兄，老虎大哥已经预约了我的第一支舞蹈。

老虎： 朋友们，不好意思，我来晚了。因为之前居住的森林前一段时间被偷猎者光顾了，我只好把家搬到更远的深山里。人类说我们老虎浑身是宝，所以不少坏人打起了我们的主意，我的一些远房亲戚最近都失去了联系，真为他们担心呀。人类把我们列为一级保护动物，那就请真正地保护我们吧。

老师： 亲爱的动物朋友们，请放心，破坏自然的人终究会受到大自然的惩罚，我们那些迷途的同伴已经开始觉醒了。地球是一个大家庭，我们都是这个家庭中不可缺少的一员，是相亲相爱的一家人，让我们携起手来，共同维护美丽的地球家园。

少先队员：亲爱的朋友们，请放心，我们一定会保护好你们的！来，让我们唱起来跳起来吧！

请用手机查看网上资料，里面有精彩的提线木偶剧表演。同学们也可以和小伙伴合作，制作几个提线木偶，表演一个成语故事或情景剧并录制给大家欣赏，期待你精彩的演出哦！

活动分析

1.学生在了解木偶戏历史的基础上，学习制作提线木偶并编排木偶剧，既可深入了解这一古老珍稀戏种，又可体验艺术创作的快乐。本课综合性比较强，既有形象设计、装饰制作，还有编排和表演。学生在相互协作中启迪智慧，提高动手能力，培养团队精神。

2.木偶戏画面感强，无论是木偶形象还是故事情节都容易吸引学生。活动前，学生通过查阅资料了解提线木偶的有趣特点，从而产生动手操作的欲望，激发创作热情。活动中，学生利用图文分解制作与视频讲解相结合的形式，积极主动地学习提线木偶的制作方法和步骤，创新地解决制作过程中的重点和难点。在编排故事情节、角色分配、木偶形象制作、布景设计、木偶的展示与表演等过程中，发挥小组合作的群体力量，学习策划简单活动的能力。

3.木偶剧的设计在激发学生兴趣的同时引起学生的反思，唤醒他们保护野生动物的意识，懂得人与自然和谐相处的重要性，将非遗文化与思想教育有机结合。

乳山市第二实验小学　宋伟萍

乳山市府前路学校　张海霞

花馍变形记

 活动背景

　　随着时代的发展，花馍的用途越来越多、种类也越来越丰富多彩，已成为面塑艺术中的瑰宝，2008年被列为国家级非物质文化遗产。过节时的"年年有余"，婚宴时的"龙凤呈祥"，搬家时的"乔迁之喜"，以及现在流行的果蔬卡通小点心等，可谓琳琅满目，它们以自身独特的魅力向世界展示着中国面食的博大精深。

　　花馍具有浓厚的地域特色，比如乳山喜饼、大饽饽、寿桃等花馍，声名远扬、享誉四方。

　　学生通过观察、品鉴和创新，深入了解面食精髓，扎实手工技法，将非遗文化立根于心，争做小小传承人！

活动目标

　　1.通过了解花馍的起源、用途、造型、寓意等相关知识，感受民间艺术特点。

　　2.通过制作简单的花馍，掌握基本技法并能发挥想象力创新独特的造型。

　　3.小组成员协同完成作品，体验合作的乐趣，培养设计能力、动手实践能力及合作策划能力。

活动重难点

　　重点：掌握夹、压、剪等基本的造型技法。

　　难点：创新设计花馍造型。

活动准备

　　白面团、果蔬面团、红豆、黑豆、梳子、牙签、剪刀等。

活动过程

"二十八，把面发，二十九，蒸馒头，三十晚上熬一宿，大年初一扭一扭。"如童谣里唱的一样，北方人过春节，家家户户都要蒸花馍。孩子们，伸出我们灵巧的小手快快动起来吧！

🔍 你知道吗？

中国面食博大精深，其中最为典型的是花馍，又称面花、面塑，它造型生动，制作精巧细腻，寓意美好深刻，迄今已有1000多年的历史。它始终与百姓的民俗文化紧密相融，形成了节日花馍、婚嫁花馍、寿诞花馍、上梁乔迁花馍等不同体系，它是指尖上的艺术、舌尖上的美食、心尖上的情节，传承着中华优秀的传统文化。同学们，鼠年如约而至，鼠作为生肖之首，它有着美好寓意——希望与吉祥，愿花馍面鼠能给大家带来"鼠"不尽的快乐、"鼠"不尽的笑容、"鼠"不尽的幸福，"鼠"不尽的安康！赶快伸出小手我们来试着做一个吧！

🔍 试一试

【制作准备】

白面团（果蔬面团）、红豆、牙签、剪刀、一次性筷子。

【制作过程（以面鼠为例）】

1. 揉。用掌根部将面糊用力来回揉搓，揉成光滑的小面团。
2. 搓。双手平放将身体搓椭圆或水滴状，尾巴搓线，再搓2个椭圆形的小耳朵。

3. 压。将身体一侧前端放上小圆耳朵，牙签一压，用同样的方法，将另一耳朵固定好。

4.合。开始组装吧，2颗红豆当眼睛，1颗做嘴巴，按上一个小尾巴，一边三下剪胡须，小面鼠就做好了，超级可爱吧？

 说一说

制作花馍面鼠需要注意什么问题呢？

注意问题：

1.揉面和搓面注意手法轻柔，不要用力过猛。

2.压耳朵手法要有力度，压实，保持耳朵与身体能相互粘连，不脱落。

3.用剪刀和筷子等工具要注意安全。

4.设计和组装时要有合作精神，可以和同组的小伙伴多交流想法，力求作品达到最优。

拓一拓

同学们，花馍不但外形美观，也有自己独特美好的寓意，在我们乳山，有许多面食习俗。如：二月二蒸圣鸡，寓除害之意；六月六蒸面兔，祈盼平安健康；七月七磕巧果，寄语福善嘉庆；春节蒸枣饽饽、面鱼、刺猬等，共同祝愿福寿安康、家和顺遂！是不是很有趣？除了面鼠，你还想做哪些有趣的花馍？赶快和大家交流一下它的做法，并介绍一下它的美好寓意吧！期待大家的作品闪亮登场！

活动展示

一起来欣赏同学们的精美作品吧！

评价指标	造型美观	手法精湛	寓意独特
①幸福中国年	★★★★	★★★★★	★★★★★
②美丽花世界	★★★★★	★★★★	★★★★★
③动物王国	★★★★★	★★★★★	★★★★★
④愤怒的小鸟	★★★★★	★★★★★	★★★★
⑤凤凰于飞	★★★★★	★★★★★	★★★★★

活动分析

　　花馍作为一种独特的民间艺术，作品题材广泛，它蕴含着丰富的民族文化，有着较高的育人价值。本节课充分挖掘乳山传统文化资源，选择学生感兴趣的花馍艺术，通过实践调查与研讨，增强对民间艺术的热爱，对民间文化的认同。

　　本节课活动的本质是基于实践的学习，活动前同学们经历了课外搜集资料，实地察看品鉴身边的真实花馍，感悟花馍魅力，激发创作热情；活动中通过课件欣赏、视频展示、技法观摩，学会灵活运用夹、压、剪等制作方法，并学会与他人相互合作、共同答疑解惑，解决难点创意设计，活动过程中小组成员间不断沟通设计思路，碰撞思维火花，凝聚集体智慧，使作品达到最优，实现了自主、合作与探究；活动后展示成果，相互评价，感受花馍深层次文化内涵。

　　非遗并不遥远，就在我们身边，我们要用一双发现美的眼睛、创造美的双手，将美继续传承和发扬下去！

乳山市第一实验小学　张晓妍

葫芦烙画

 活动背景

　　葫芦是中华民族最原始的吉祥物之一，人们常用来避邪、招宝。葫芦与传统的烙画艺术巧妙结合，创作出来的工艺品保留了民间纯朴天真的自然品味。葫芦烙画是一项传统民间工艺，胶东地区的很多沿海农村都流行。葫芦烙画的题材一般采用吉祥图案，隐含"福"文化，作品主要有福禄相伴、财神与鹿、福禄寿喜财、富贵牡丹等几大类。

　　学生在动手烙制过程中，既能传承烙画艺术、感受中华传统瑰宝的魅力，还能提升人文艺术修养和创新能力。

活动目标

　　1.通过动手操作了解葫芦烙画的过程，掌握改变色调深浅的烙画基本技法。

　　2.通过欣赏葫芦烙画作品，感受传统文化的魅力，培养对民族文化艺术的热爱之情。

活动重难点

　　重点：掌握烙画的基本技法。

　　难点：在展评和评价的过程中提高烙画技能。

活动准备

　　葫芦、烙画机、铅笔、橡皮、插排。

　　搜集有关葫芦烙画工艺的资料

活动过程

　　"方寸葫芦，展万千气象。"这句话是对葫芦烙画这一传统工艺完美的诠释。孩子们，让我们用灵巧的双手，将中华民族的瑰宝传承下去，让葫芦烙画这一传统文化"活"起来！我们一起开启一段关于葫芦的奇妙旅程吧。

🔍 你知道吗？

葫芦烙画的关键在哪呢？怎样能使烙笔和葫芦两者硬对硬之间出现"烙迹"五色呢？关键在用"笔"上，烙笔的温度要掌握好。有的人喜欢直接用40W或者更大瓦数的烙笔烙绘，中间不调温一笔到底，烙绘中虽然流畅但烙出来的线条是焦黑色，这种焦黑色就是糊的，是表面的，这种效果由于不是由里到外形成的，所以时间久就会掉色，变成断断续续的灰色线条。同学们在烙画的过程中，一定要注意哟！

🔍 学一学

【制作准备】
葫芦、烙画机、铅笔、橡皮。

【制作过程】

1.葫芦烙画之前，要先筛选自己需要的葫芦，我们可以看到葫芦个头有大有小，形状也各不相同，甚至连颜色都有深有浅，选择烙画的葫芦时，尽量选颜色较浅的，这样烙出来的画更显眼。

2.先用铅笔在葫芦上描画出想要绘画的线条和轮廓，相当于打了一个草稿，这样成功的概率比较大。

3.然后就是用电烙铁沿着之前用铅笔画出来的线条描就可以了，切忌心浮气躁，急于求成，要按照技法来烙画，才能做出一件完美的作品。

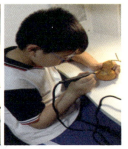

4.烙画要仔细认真，千万不要含糊其词。要把每个部分的细节都仔细地描绘出来，自然而然画的层次、远近、透视关系就出来了——关键就是细节的描绘。

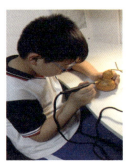

🔍 **赏一赏**

同学们，一颗种子可以有无限的希望，一个葫芦可以产生无限的梦想。正是因为怀揣梦想，人们创作出许多优秀的作品，让我们一起来欣赏两幅优秀的葫芦烙画作品，希望这些作品能够给你以启示。

福禄寿喜财系列　　　　　　十二生肖系

🔍 想一想

有的葫芦在生长过程中没有发育完全，长成了畸形或在采摘后发生霉烂产生了霉斑，你能不能试着在制作中把它进行有效利用？发挥你的聪明才智，可以适当加上综合材料的拼贴，让我们一起来进行——创意葫芦烙画！

活动展示

作品名称	评价指标		
	构图精巧	层次清晰	色调均匀
①可爱小熊	★★★★	★★★★	★★★★★
②猪八戒挑扁担	★★★★★	★★★★★	★★★★★
③梅花	★★★★★	★★★★★	★★★★
④小猪佩奇	★★★★★	★★★★★	★★★★★
⑤落雪梅花	★★★★	★★★★★	★★★★★

活动分析

　　葫芦烙画是中国的一项传统文化艺术，在民间广泛流行，简单易学。通过烙画学习，学生能对传统文化艺术有深入的了解，接受文化熏陶，提高艺术素养，有助于综合素质的提高。

　　本课的重点是让学生探究葫芦烙画中色调变化。活动前，教师让学生搜集自己感兴趣的创作内容，并提前了解有关知识；课堂上，教师引导学生学习掌握烙画技法，主要是让学生自己在练习、展示、评价、欣赏的过程中进一步提高烙画的技法，培养学生初步创新精神、实践能力。同时，通过对实物和烙出的画的对比，让学生充分感受艺术来源于生活、来源于真实的物体。学生通过烙画技法的练习熟悉烙画技术，并接受情感态度价值观教育。

　　这节动手操作实践课程对学生的操作技能要求较高，大部分学生积极动手参与创作，但有个别学生虽然也好奇，想去创作，但对这种新的绘画有恐惧，特别是用烙笔去烫时，因为害怕以至于不敢动手，这是我上课前在"备学生"时没有"备"到的。教师在示范时应该再注重强调用烙笔的方法指导，对于这些"胆小"的同学在她们身边再做示范指导，消除她们的恐惧感，以便课堂创作的实践活动顺利进行。

乳山市第二实验小学　　王静

做鱼拓画

 活动背景

　　鱼拓是一种将鱼的形象用墨汁或颜料拓印到纸上的技法和艺术，起源于宋代，是一种民间艺术。鱼拓作品上面可以描绘水草或山水，书法或题写诗词，钤盖印章，形成诗书画印的艺术品。将鱼拓作品装裱好放入镜框悬挂在家中是非常好的装饰，同时又具有纪念意义。

　　通过自主制作鱼拓画，增强学生的动手能力，培养艺术情操，提升审美素养和劳动素养，让学生感受艺术带来的乐趣。

活动目标

　　1.通过观察体验，了解鱼拓画的来历以及制作的方法。

　　2.通过综合材料的运用，掌握鱼拓画的制作过程。

　　3.培养观察力、发现力和审美情趣的创造力，从日常生活中去创造美，感受多种材料的完美碰撞。

活动重难点

　　重点：鱼拓的制作方法

　　难点：颜色的调制及按压的力度。

活动准备

　　鱼、宣纸、颜料、毛笔、毛刷、泡沫塑料板、棉花团、美工刀、干布、报纸等。

活动过程

　　"鱼戏莲叶东，鱼戏莲叶西，鱼戏莲叶南，鱼戏莲叶北。"孩子们，让我们开启美丽的鱼拓画之旅吧！

你知道吗？

拓，这个字你们认识吗？读什么？（tuò）你都知道哪些和它有关的词语？这个字还有另外一种读音你们知道吗？这个字还可以读tà，这个拓是什么意思你们知道吗？（在刻铸有文字或者图像的器物上，涂上墨，蒙上一层纸，捶打后使凹凸分明，显出文字图像来）。同学们，我们一起来试试做鱼拓吧！

做一做

1.第一步：把鱼清理干净

首先在鱼的表面撒上精盐，然后用布擦干净鱼身上的黏液和水分，注意不要让鱼鳞脱落。

2.第二步：把鱼固定好

在白色塑料泡沫板上刻出鱼的形状，把鱼放在上面，摆成需要的姿势，并把鱼鳍展开，用大头针固定。

3.第三步：给鱼上色

根据鱼身上不同部位的颜色深浅调制浓淡不同的颜料。鱼背颜色较深，需要的颜料浓一点，鱼肚颜色浅，需要将颜料调淡一点。不要漏了鱼鳍。

4.第四步：按压

把宣纸轻轻铺在鱼身上，从鱼鳃开始快速压到尾部。接着按压从鱼嘴到背鳍的头线以及从鱼嘴到腹鳍的下线，最后拓鱼嘴部分。揭纸的时候要轻要慢，不要把纸弄破。然后对照鱼眼，在鱼拓上画出眼睛。

5.第五步：记录信息

在纸上记录鱼的种类、长度、重量等信息。如果是钓的鱼，可以写上钓鱼地点、钓鱼人，盖上印章。

🔍 说一说

制作鱼拓需要注意的问题：

1.调染料少加水，不要把染料涂在桌子上。

2.注意卫生，产生的垃圾放在垃圾袋里。

3.使用美工刀要注意安全。

拓一拓

同学们，生活中并不缺少美，而是缺少发现美丽的眼睛，用你们智慧的眼睛去寻找生活中的美吧！和你的小伙伴一起去制作各种各样的鱼拓画吧！

活动展示

欣赏鱼拓画作品，享受一下艺术给我们带来的魅力与美的享受吧！

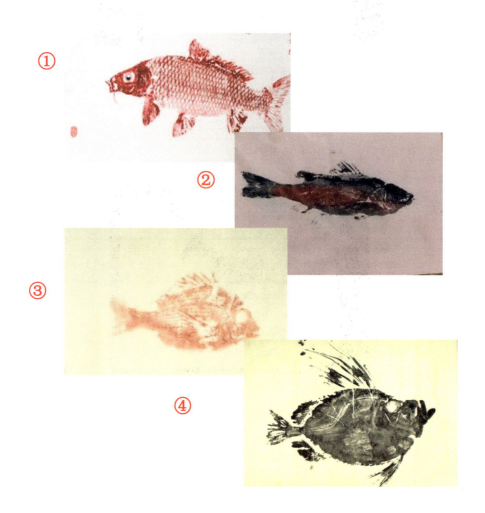

"做鱼拓"设计制作评价量表

评价指标	创意新颖	粘贴牢固	做工细致	干净整洁	色彩搭配
①	★★★★	★★★★	★★★★	★★★	★★★
②	★★★★	★★★★	★★★★	★★★★	★★★★
③	★★★	★★★★	★★★★	★★★★	★★★★
④	★★★★	★★★★	★★★★	★★★★	★★★★

活动反思

本节实践课以制作鱼拓画为主，是一种最简单、最新鲜的艺术形式，每个孩子都可以玩，而且都可以玩得高兴，并能从平常的事物中去学会创造。孩子通过制作鱼拓画，感受到艺术带来的魅力，兴趣极高。

课前让学生以小组为单位准备好各种材料，包括鱼、宣纸、颜料、毛笔、毛刷、泡沫塑料板、棉花团、美工刀、干布、报纸等，这些材料都是比较常见的。课中通过观看视频学习每一步的制作方法，为动手操作奠定基础。学生在制作过程出现的困难和问题，教师根据情况适时指导，最后的作品展示通过自评和互评，针对每个小组的作品的优缺点点评，为进一步完善作品奠定基础。

孩子身边的艺术很多，但感兴趣的不多，有些非物质文化遗产，由于孩子接触少，或时代变迁等原因，孩子不感兴趣，美术课的内容，孩子又不觉得新鲜。针对这一现象，我们有必要开发孩子身边的艺术新形式，开发让每个孩子乐玩，乐爱、乐写的艺术。因此，本课创造性的处理教材，做到既符合教材、课标的要求，又能培养孩子创新能力，让孩子积极主动参与到鱼拓画学习中来。

乳山市白沙滩镇中心学校　李文玲

小兔子装饰钩织

 活动背景

　　钩织，是一种利用钩针把各种颜色的线钩成线圈的编织品。它拥有悠久的历史，在民间得到广泛流传和发展，是任何机械产品取代不了的一种特殊手工艺术品。钩织是我们的非物质文化遗产，它以棉线为主料，用钩针以手工编成。钩织虽工具简单，用料单一，但在100多年的传承中，形成了30多种基本针法和上千种花样。

　　通过活动培养学生的动手能力，发展创新能力，会欣赏美、创造美，做一个爱动手、爱生活的人。

活动目标

　　1.学会和掌握手工钩织的基本针法，并用基本针法设计简单的作品。

　　2.通过钩织活动，提高观察能力、动手操作能力以及审美能力和创新能力。

　　3.经历模仿——实践——创新的活动过程，让学生感受美、欣赏美、创造美，激发对美好生活的热爱。

活动重难点

　　重点：掌握钩织的基本方法。

　　难点：针法的松紧以及手势的配合。

活动准备

　　钩针、毛线。

活动过程

　　"一针一线钩织美丽！"

　　同学们，让我们一起挥舞灵巧的小手来钩织、装饰我们的美丽生活吧！

你知道吗？

非物质文化遗产是指各民族人民代代相传，并视其为文化遗产组成部分的各种传统文化表现形式，以及与传统文化表现形式相关的实物和场所。在我们胶东地区流传非常广泛的钩织就是其中之一。钩织作品不仅可以作为装饰品，如头饰、服饰、家具装饰等；还可以作为日用品，如衣服、背包、拖鞋、杯垫等。简单的一针一线就能成就美丽实用的作品，那么一件钩织作品是怎么完成的呢？跟随老师一起试一试吧！

试一试

【制作准备】

钩针、毛线

【制作过程】

1.环形起针。将线缠到左手中指，钩织开始起立针，钩4个辫子针。

2.钩五个长针后，开始钩四个辫子针做小兔子尾巴。注意针法的松紧要适中，不要太紧或太松，会影响作品的精美程度。

3.再接着钩9个长针，抽紧线头，在第一针处结针。然后钩四针起立针，钩四个长针做小兔子头。

4.钩8个辫子针做小兔子的一只耳朵，接着做引拔针，然后将小兔子向右转，钩另一只兔子耳朵。

5.贴上装饰物或用黑线钩出小兔子眼睛。小兔子的眼睛可以用黑色圆片等物品，贴在小兔子头上面的合适位置，没有这样的物品，可以用黑色线钩在小兔子头的合适部位。

🔍 **赏一赏**

同学们，生活中钩织作品种类繁多，一起来欣赏一下吧！

一朵朵美丽的小花和两只可爱的小猫咪，既可以当头饰，也可以装饰衣服和背包。

萌萌的猫头鹰和逼真的荷花摆件，可以放在学习桌上，给生活增添不少情趣。

钩织还可以制作漂亮的帽子和实用的钥匙包。

🔍 **拓一拓**

你还可以做出哪些钩织作品？发挥你丰富的想象力动手试一试吧，相信你定能创造出与众不同的作品！

活动展示

欣赏一下同学们制作的作品吧！

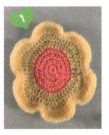

评价指标	色彩搭配	做工细致	干净整洁
作品一	★★	★★★	★★★
作品二	★★	★★★	★★★
作品三	★★	★★★	★★★
作品四	★★★	★★★	★★★
作品五	★★★	★★★	★★★
作品六	★★	★★★	★★★

活动分析

1.钩织作为一种非物质文化遗产，有着深厚的群众基础，蕴含着丰富的民族文化。通过对钩织的实践调查与研究，了解乳山的非物质文化遗产，拓展了学习空间，并更好传承创新下去。钩织是一门综合艺术，它在增强学生审美情趣的同时提高了动手能力；丰富学生课余生活的同时陶冶了他们的情操；让他们心灵手巧的同时激发了他们的自信心和成就感。

2.钩织锻炼了同学们的综合能力。活动前，通过网上查阅，对钩织进行初步了解。然后走进钩织手艺人，进一步了解钩织的相关知识。活动中，同学们积极参与，认真练习，互帮互助，有的针法需要练习几遍甚至十几遍。更有趣的是因为有很多家长也会钩织，所以有很多同学在长辈的带领下进步得很快，特别是部分男同学的作品非常不错。生活不仅限于课堂上，更重要的是把学到的技能带到生活中，用自己灵巧的双手创造更多更美的作品，美化生活。课后，很多同学利用已学得的技能，设计出各种各样的作品，如杯垫、装饰小花、围巾、水杯套等。

3.钩织作品既可以装饰生活，又有一定实用价值。通过活动孩子们脑洞大开，创造了很多比较好的作品，他们学会了欣赏美、创造美，更好地增加了他们的学习兴趣。

乳山市第二实验小学　栾瑞娥

第五章 趣味实验篇

目前，就学科学习而言，摆在大多数学生面前的难题是"对枯燥深奥的数理科学缺乏兴趣"，如何破解这一难题？

诺贝尔物理学奖获得者科恩·坦诺奇给出的办法是"从孩子抓起"，利用他们的好奇心，引导他们对科学产生兴趣。

本组趣味实验综合实践活动，是一种学科融和的研究性学习，就是在保护孩子的好奇心，尤其是带有科学萌芽的好奇心的前提下，培养孩子的科学兴趣。它以学生的自主性、探索性学习为基础，从学生家庭生活和社会生活中选择和确定研究专题，主要以个人或小组合作的方式进行。通过亲身实践获取直接经验，掌握基本的科学方法，树立严谨求实的科学精神，提高综合运用所学知识解决实际问题的能力。

旋转的纸蛇

活动背景

　　热气球是个神奇的存在，好像提到它自动就会与浪漫、冒险、奇幻等一系列词汇联系到一起。在凡尔纳知名科幻小说《环游世界80天》里，主人公就是坐在一艘热气球上出发的。到现今，很多人的梦想清单里，热气球也属于毕生一定要tick的体验。热气球为什么能上升呢？这么神奇的事物、抽象的原理，如果通过一条"纸蛇"来演绎一定很受孩子欢迎！

　　本实验用寻常材料代替正规实验器材，意在了解热空气性质，引导孩子"玩中学，做中悟"，在趣味实验中感知科学的神奇与奥妙，激发学科学、用科学的兴趣！

活动目标

　　1.通过旋转的纸蛇模拟热气球上升实验，了解空气受热后体积膨胀、比同体积的冷空气轻、会上升的性质。

　　2.学会用身边简单的器材进行实验，锻炼实验、观察、分析、探究的能力。

　　3.感受科学的神奇，激发学习科学的兴趣，增强用学到的科学知识改善生活的意识。

活动重难点

　　重点：探究热空气比同体积的冷空气轻、会上升的原理。

　　难点：能独立完成实验，并对实验进行记录、分析，得出结论。

活动准备

　　彩纸、笔、剪刀、小木棍（竹签、铅笔）、蜡烛、火柴（打火机）、橡皮（橡皮泥）等。

活动过程

儿童就是科学家。 ——皮亚杰

同学们，你们能让"纸"做的小蛇自己旋转起来吗？让我们用科学的力量把不可能变成可能吧！

你知道吗？

1783年，热气球由法国造纸商孟格菲兄弟研发，并于同年完成了世界上第一次载人空中飞行，25分钟飞越半个巴黎之后降落在意大利广场附近，比莱特兄弟的飞机试飞早了一个多世纪。而小小的"纸蛇"旋转与神奇的热气球飞行的原理其实是一样的。

想一想

家里没有合适的工具材料怎么办呢？我们可以进行替代和变通，例如用竹签、笔芯代替铅笔……

熟悉工具：彩纸、笔、剪刀、铅笔、蜡烛、打火机、橡皮泥等。

学一学

1.实验步骤：

| 图一 | 图二 | 图三 | 图四 |

第一步：在彩纸上画一条螺旋形的蛇，中间画一个脑袋，用剪刀沿着线剪开，这样一条纸蛇就完成了。（图一）

第二步：在纸蛇头中间刺一个小洞，挂在小木棍等顶端，使纸蛇绕缠在木棍上。如果纸蛇太长碰到了桌面，可用剪刀将纸蛇剪掉一部分（纸蛇的尾部离桌面最好有5厘米左右）。（图二）

第三步：用橡皮泥等做成底座，将小木棍插在底座上（不要完全穿过去，只要

能固定即可）。(图三)

第四步：点燃蜡烛，移动至纸蛇下方，蜡烛和纸蛇之间要保持一段距离，以免烧坏纸蛇。注意观察纸蛇的变化，做好记录。(图四)

注意事项：使用蜡烛时注意安全；纸蛇和蜡烛保持一定的距离，防止燃烧。

2.实验现象：

过了一会，就可以看到纸蛇慢慢地旋转起来，逐渐纸蛇的旋转速度越来越快，就像在跳着轻盈的舞蹈。

3.实验原理：

太奇怪了，纸蛇怎么会旋转起来呢？这是什么原理呢？

点燃蜡烛加热纸蛇下方的空气时，空间变热拉大空气分子之间的距离，被加热的空气变轻后上升，而周围的冷空气就涌到其原来位置。热空气在上升中牵动纸蛇，从而使纸蛇跳起舞。温度高的地方热空气上升，周围的冷空气补充过来，空气的不停流动就形成了风。

试一试

"纸上得来终觉浅，绝知此事要躬行。"科学小实验，"玩"出大智慧！让我们一起在实践中探寻十万个"为什么"吧！

亲爱的孩子们，Let's go!

我们一起向科学的殿堂出发……

1.参照实验，自己动手做一条旋转的纸蛇。

2.用火和剪刀注意安全，低年级同学要在家长或老师陪同下操作。

3.如果纸蛇不转动，可查看纸蛇是否与竹签接触；蜡烛的火焰是否太小；外界的风是否太大。

🔍 **查一查**

你做的纸蛇是顺时针旋转还是逆时针旋转？为什么？

🔍 **拓一拓**

知道了热空气上升的原理，同学们说一说：在生活中还有哪些事物、现象也应用了这个原理呢？你还可以自己设计一个与众不同的热空气上升实验吗？

活动展示

评价指标	材料选择	实验操作	现象分析	仪器归位
作品1	★★★★★	★★★★★	★★★★☆	★★★★★
作品2	★★★★★	★★★★☆	★★★★★	★★★★★
作品3	★★★★☆	★★★★★	★★★★★	★★★★★
作品4	★★★★☆	★★★★★	★★★★☆	★★★★★

本实践活动借助旋转的纸蛇这一学生兴趣十足的事物来演绎热空气上升原理，寓严谨的科学于趣味的实验中，既感受到科学的神奇，又拉近与科学的距离，普及科学知识、弘扬科学精神、传播科学思想、倡导科学方法。

因为是居家实验，因此活动前实验材料的选择充分发挥了学生的主动性，只要能完成实验，可以用任何替代材料，既锻炼了学生的发散思维，又凸显了学生的主体地位。在活动过程中，学生先自主学习，再动手尝试，学生的观察、操作、分析能力在这一过程中得到锻炼提高，既明白了科学道理，又增强了实践能力。最后的拓展活动抛砖引玉，旨在培养学生的科学意识、求异思维、创新能力，提高科学素质，增强孩子综合运用知识解决问题的能力。

历史上众多的科学家、发明家都是从观察中产生好奇，在实验中发现规律。孩子们可以不当科学家，但未来的幸福生活离不开科学的思维、科学的方法。本活动如春雨润物细无声，在学生心中种下学科学、讲科学、爱科学、用科学的种子，为孩子插上梦想的翅膀，为未来储备创新人才。

乳山市第一实验小学　焉李辉
乳山市实验初级中学　于江波

会爬高的水

活动背景

　　"人往高处走，水往低处流，"这是一句流行的"口头禅"，"水往低处流"符合能量守恒定律——如果水自然而然就会向高处流的话，那不就是将自然增加能量而违反这个规律了吗？然而，生活中有时水的确会"往高处走"，它们好像与能量守恒定律唱着"对台戏"，这其中有什么奥妙吗？其实，一个小小的实验就能告诉我们答案！

　　本次活动旨在培养学生的观察能力、探究能力和动手操作能力，在掌握毛细现象相关知识的同时，提高学生利用所学知识解释生活中常见现象的能力。

活动目标

　　1.了解水的毛细现象及其在生活中的应用。

　　2.能用简单的器材进行观察实验，并用自己喜欢的方式与同学交流研究过程和结果；能把探究过程中获取的知识、方法运用于新问题的探究中。

　　3.愿意合作与交流，体验到探究的乐趣，乐于用学到的科学知识服务生活。

活动重难点

　　重点：通过动手操作，认识到水的毛细现象的特点。

　　难点：提高学生探究欲望和能力，并能利用所学知识解释生活中的一些常见的现象。

活动准备

　　餐巾纸、吸管、剪刀、水彩颜料、水杯、木棍、放大镜等。

活动过程

探索真理比占有真理更为可贵。　　　　——爱因斯坦

🔍 你知道吗？

当运动后汗流浃背，我们用纸巾擦拭额头的汗水时，你可曾想过汗水是如何牢牢锁在纸巾里而不露出呢？当昏黄的煤油灯燃烧时，我们看到摇曳的灯光，你可曾想过，灯座里的灯油是如何自动流入灯芯的呢？当我们漫步在丛林，仰望参天的大树时，你可曾想过，树冠所需要的宝贵水分是如何运送到树顶的呢？让我们开始今天的趣味实验吧！

🔍 想一想

刚才所列举的生活现象，它们有什么共同点？（用物品吸收液体）生活中哪些物品吸水效果最明显？让我们准备好探究活动所需的工具吧。

探究工具：卫生纸、吸管、剪刀、水彩颜料、水杯、木棍、放大镜等。

🔍 学一学

1.实验步骤：

　　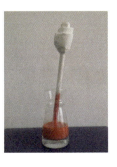　

　　　图一　　　　　　图二　　　　　　图三　　　　　　图四

第一步：将卫生纸（或其他吸水性较强的纸）卷成合适粗细和长短的圆筒，然后将纸卷插入吸管中，一端与吸管边缘齐平，形成花茎；另一端插上自己喜欢的折纸花，一枝纸花就大功告成了。（图一）

第二步：准备一个透明玻璃杯，在水杯中调好自己喜欢的水彩颜料，加水用小木棍搅拌均匀。（图二）

第三步：将做好的纸花插入到盛有颜料的玻璃杯中，然后仔细观察颜料在纸花

中的发展变化，为了提高观察效果，我们可以借助放大镜去观察细节的变化。当然，大家也可以利用照相机或手机及时拍下你所关注的瞬间。（图三）

第四步：将纸花和水杯静置，注意观察颜色的变化，做好记录（根据卷纸的吸水度，实验效果会不尽相同）。（图四）

> **注意事项**：吸管最好选直径0.5厘米以上，卫生纸卷要疏松，杯中水彩颜料一定要搅拌均匀，否则影响实验效果。

2.实验现象：

纸花放入水杯后，可以发现杯中的水彩颜料开始顺吸管快速上升，随着时间的推移，颜料上升的速度逐步变慢，静置一段时间后，颜料会浸满整枝纸花。一朵漂亮的红、黄、绿等各色纸花就完成了。

3.实验原理：

水杯中的水彩颜料为什么会顺纸卷向上走？这是什么原理呢？

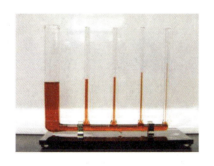

水可以沿着毛巾、卫生纸、细玻璃管、木片等上升，因为它们的材质中有许多细小的缝隙，这些细小的缝隙上下连通在一起，就像一条条细细长长的毛细管子，使水持续不断地上升。这种现象就叫毛细现象。

原来，生活中处处都有科学，我们要善于从生活中寻找科学！

🔍 试一试

"触类旁通"，了解掌握了某种规律，我们应该联系实际生活去思考、去发现、去应用。"毛细现象"在生活中还有哪些应用呢？让我们开动脑筋想一想，做一做吧。

我们一起探究再出发……

1.结合刚才的实验，开动脑筋，利用毛细现象制作一个可以自动为花木浇水的简易装置。

2.思考需要哪些材料，制作中使用剪刀等工具要注意安全，有不明白的地方可以向老师或家长请教。

🔍 查一查

生活中还有哪些毛细现象的事例？请你通过网络查询等途径和喜欢的朋友交流一下。

🔍 拓一拓

生活中存在毛细现象的材料有很多，这些材料的孔隙大小与水爬升的高低有什么关系呢？

活动展示

评价指标	材料选择	实验操作	现象分析	实验效果
作品1	★★★★☆	★★★★☆	★★★★★	★★★★☆
作品2	★★★★★	★★★★★	★★★★☆	★★★★★
作品3	★★★★★	★★★★★	★★★★☆	★★★★★
作品4	★★★★★	★★★★☆	★★★★★	★★★★★

活动反思

毛细现象是生活中常见的自然现象，它给我们的日常生活带来了很多方便，没有它，我们甚至不能用毛巾擦脸，不能用酒精灯做实验，不能享受牛奶泡饼干的乐趣……但是，毛细现象也给我们的生活造成了诸多困扰，因为它，我们常常要忍受着家居潮湿的烦恼。

《中小学综合实践课程指导纲要》中指出，综合实践活动的开展要以开放的活动观念和心态，引导学生将探究活动置于自然、生活和社会的广阔背景下，使学生体会到联系生活的探究更具有的魅力，从而激发他们进一步参与的热情，使他们更关注身边事物，关注社会，乐于参与社会活动，并逐步养成科学的行为习惯和生活习惯。本次活动，教师从学生熟悉的生活现象入手，提出思考问题，带领学生进入探究学习。学生在观察、实验、动手、思考中进行活动，并由此延伸到了课堂之外，培养学生的科学兴趣，体验科学过程，发展科学精神。

本次活动旨在让学生从中认识科学，学习科学，用科学知识去解决简单的实际问题。只要怀着一颗对身边事物的无穷好奇心和求知欲，勤于观察、思考生活中的一些现象，我们就会在探寻中找到更多类似于毛细现象的有趣物理现象，科学的魅力往往就蕴于其中。

乳山市徐家镇中心学校　姜华强

变软的鸡蛋壳

活动背景

　　鸡蛋是一种神奇的物体，在合适的条件下，它有时能孵出小鸡，有时会在水中浮沉，有时会被小口瓶吞吃，有时会变成一个"软皮蛋"……鸡蛋是个"小世界"，小小的身体里蕴含着许多科学知识，等待着人们来去探索。

　　本实验利用生活中的物品来进行实验探究，更深层次的认识物质，引导孩子用科学的视角来观察世界、认识世界。

活动目标

　　1.通过醋泡鸡蛋使蛋壳变软的实验，探索碳酸钙会与酸类物质发生化学反应生成二氧化碳的性质。

　　2.学习用身边简单的器材进行实验，观察实验现象并分析实验结论，查找实验原理，提高观察、实验、探究的能力。

　　3.寻找日常生活中应用到这一科学原理的其他现象，学会用科学知识解释生活现象。

活动重难点

　　重点：明白醋泡鸡蛋会使鸡蛋壳变软的反应原理。

　　难点：独立完成实验，学会观察并记录实验现象，提升实验学习的能力。

活动准备

　　玻璃杯、鸡蛋、白醋、火柴等。

活动过程

　　一切推理都必须从观察与实验得来。　　　　　　　　——伽利略（意大利）

小科学家们,"心动不如行动",下面开始我们的鸡蛋探究之旅,看看会有什么神奇的发现吧!

🔍 你知道吗?

鸡蛋是含有丰富的蛋白质和人体必需的营养元素,经常出现在我们的餐桌,醋也是我们厨房常见的用品,你知道它们两个相遇会出现什么情况吗?就让我们开始今天的趣味实验吧。

🔍 想一想

鸡蛋壳的主要成分是什么?哪些物质的主要成分与它是一样的呢?它们都能用来做什么?

熟悉工具:玻璃杯、鸡蛋、醋、火柴等。

🔍 学一学

| 图一 | 图二 | 图三 | 图四 |

1.实验步骤:

第一步:将鸡蛋放入玻璃杯中,倒入足量的白醋,将鸡蛋浸没。(图一)

第二步:观察并记录实验现象。观察到鸡蛋表面有大量气泡产生,过一段时间后鸡蛋会有上浮和下沉的现象。气泡可以用燃着的木条来检验。(图二)

第三步:一天后,醋的上面漂浮着一些红色的泡泡状物质。(图三)

第四步:两天后,将鸡蛋洗净,硬硬的鸡蛋就变成软软的、有弹性的神奇鸡蛋。(图四)

> **注意事项:**使用火柴时注意安全,千万不要烧到你的小手。

2.实验现象：

鸡蛋表面出现一个个的小气泡，越来越多的气泡聚焦在鸡蛋表面，然后出现鸡蛋在杯中不断地上浮和下沉的现象，一天后玻璃杯中漂浮大量红色泡沫，两天后将鸡蛋捞出洗净，发现硬硬的鸡蛋壳消失，变成一个神奇的透明的软皮蛋。

3.实验原理：

太神奇了，硬硬的鸡蛋壳怎么就变软了呢？这是什么原理呢？

鸡蛋的蛋壳原本是由坚硬没有弹性的碳酸钙组成的，它不像气球那么柔软有弹性，当我们将鸡蛋扔到地上或挤压蛋壳时，蛋壳就会破，但是醋能改变这一点！因为醋里的主要成分是醋酸，它与蛋壳接触会发生化学反应，产生大量气泡——二氧化碳气体，大家可以将这些气体收集起来，通入澄清石灰水，会发生石灰水变浑浊哟！随着产生气泡的增多，围绕在鸡蛋壳周围的一个个小气泡像一个个游泳圈，使鸡蛋所受的浮力变大，鸡蛋就会上浮，浮到水的表面时，这些气泡破裂，浮力又变小，鸡蛋又重新沉下去，所以鸡蛋出现上浮和下沉的现象。最终当碳酸钙完全反应后，鸡蛋就变成了一个透明的软皮蛋。

科学的力量真是太强大了，它能够改善我们的生活，使生活变得更加美好！

🔍 说一说

知道了鸡蛋壳变软的秘密，同学们说一说：在生活中还有哪些事物、现象也应用了这个原理呢？

🔍 试一试

亲爱的孩子们，我们一起向科学的殿堂出发……

1.参照实验，自己在家动手做一做，也可开发你的创意，尝试不一样的实验证明一样的原理，如卡在嗓子中的鱼刺，可能喝醋解决、青少年常喝碳酸饮料对骨骼发育不好……

2.用玻璃杯和火柴请注意安全，低年级同学做此实验要有家长或老师的陪同。

🔍 查一查

你做的醋蛋液对人体健康都有哪些好处？为什么？风靡网络的醋蛋液都可以如

何使用呢？

拓一拓

你知道鸡蛋能被小口的瓶子吞没吗？这是为什么，实验又应该怎样做呢？这就需要用到大气压强的原理来解释，感兴趣的话可以自己去探索一下哟！

活动展示

评价指标	材料选择	实验操作	现象分析	仪器归位
作品1	★★★★★	★★★★★	★★★★★	★★★★★
作品2	★★★★★	★★★★☆	★★★★☆	★★★★★
作品3	★★★★★	★★★★☆	★★★★★	★★★★☆
作品4	★★★★★	★★★★☆	★★★☆☆	★★★★★

活动反思

通过本节课的学习，孩子们知晓了醋能使鸡蛋壳变软，是因为鸡蛋壳的主要成分碳酸钙与醋中的醋酸反应，生成可溶性的醋酸盐，从而使硬硬的鸡蛋壳消失。也能将这一科学结论应用到生活中的其他一些现象的解释中，如蛀牙的形成、鱼刺卡在嗓子里喝醋"化解"……让孩子们感受到科学来源于生活、应用于生活，从而在心里种下一颗科学的种子，养成善于观察、勤于记录，万事寻找科学依据的良好习惯。

综合实践活动课程强调学生亲身经历各项活动，在实验、探究、设计、创作、反思的过程中进行体验、体悟、体认，主动去发现、分析和解决问题。趣味实验需要教师能够充分认识到实验的重要作用，将理论知识和实验教学有机结合到一起，同时为学生提供更多的实践机会，从而加强理论和实践的融合渗透，促进学生综合素质能力的全面发展。"变软的鸡蛋壳"就是选择生活中常见的材料来开展实验探究的，材料简单易寻，且实验操作容易、安全性高。因为材料太常见，实验前孩子们没看得起这小小的鸡蛋和醋，认为它们不会发生什么变化，实验过程中孩子们看到大量的气泡冒出，都非常激动，尤其是实验完成后出现软软的、透明的、有弹性的"软皮蛋"，更让他们惊奇不已，直呼太神奇了，这时趁热打铁，让孩子们分析、查找这其中的原理就水到渠成。但仅仅知道并不是我们的最终目的，所以在知道的基础上再引导孩子们去找一找生活中有没有用到这一原理的其他现象，经过大家的努力能找到多种情况，这样又能让孩子们真切地体会到知识应用于生活，从而提高学习的积极性。

趣味实验能引导孩子像科学家那样去观察周围的事物，用实验的手段去验证事物的属性，发现事物的变化、联系和规律，使他们学到逻辑概念知识，从小就把获取知识建立在实验的基础上，学会正确的学习探索方法，帮助他们在探究学习的道路上走得顺利、长远！

乳山市大孤山镇中心学校　郭妮

泡泡窗户

　　泡泡大家都喜欢玩，窗户每家都有，如果它们组合在一起变成"泡泡窗户"，你能想象出是什么样吗？这个"窗户"跟平常的窗户也不一样，它可是结实得很，戳不破、打不碎。为什么它不容易被打碎呢？这其中是哪个神秘的力量在起作用呢？让我们开动脑筋，利用现有的资源，自己动手做一个泡泡窗户，一起去探秘吧。

　　本活动旨在提高学生的动手能力、自主探究意识和独立思考能力，在制作和探索泡泡窗户的同时，提升科学素养。

活动目标

　　1.通过自己配制泡泡液和独立制作"窗户"，提高动手操作能力。

　　2.通过观察泡泡窗户，找出与普通窗户的不同之处，借助"戳""打""撞"等操作感受泡泡膜的稳定性，知道这其中是表面张力在起关键作用，体会科学实验的乐趣。

　　3.留心观察并借助表面张力知识解释生活中的现象，认识到生活中处处有科学，提高科学思维能力。

活动重难点

　　重点：利用家中现有工具和材料完成泡泡窗户的制作。

　　难点：通过观察泡泡窗户，并借助"戳""打""撞"等实验操作感受表面张力的存在。

活动准备

　　洗洁精、清水、甘油、水盆、杯子、牛奶吸管、滴管、粗棉线、剪刀。

活动过程

俗话说"烈火炼真金，实践检验真理"，据说泡泡窗户戳不破，打不碎，撞不坏，可和平时见到的窗户不一样呀，下面就让我们向它发起挑战吧！

🔍 你知道吗？

液体的表面层与内部不同，它的分子分布比液体内部稀疏，分子间相互作用主要为引力，我们称之为"表面张力"，这种力使液体表面层收缩，像一张弹性膜。

因为表面张力的存在，这种"弹性膜"具有收缩趋势，会把液体的表面积尽量"拉"到最小的程度。在数学课上我们学过，同体积时球形表面积最小，所以露珠被"拉"成了球形，这也是泡泡呈现球形的原因。

泡泡窗户与表面张力有关系吗？别着急，在下面的活动中你会自己找到答案哦！

🔍 想一想

家里没有泡泡液怎么办呢？其实只要是含有表面活性剂的材料都能配制泡泡液，看看家里的东西哪些含有表面活性剂呢？可以用洗洁精来配制，还可以……

熟悉工具：洗洁精、清水、水盆、水杯、甘油、牛奶吸管、滴管（或洗净的废眼药水瓶）粗棉线、剪刀等。

🔍 学一学

1.实验步骤

第一步：将洗洁精和清水按1∶3在水盆中混合，再加入适量甘油（如果没有甘油，可以用白糖代替），将它们混合均匀，就得到了泡泡液。

第二步：用两根完全相同的牛奶吸管分别蘸取泡泡液和清水，吹一下，看能否吹出泡泡。

第三步：捻着棉线将其依次穿过两段相同的吸管，然后打个结，并将多余的棉线剪掉，并使两边棉线等长，这样就制成了一个大窗户，用同样的方法再做一个小

窗户。（图1）

第四步：将大窗户完全放在泡泡液中，提起窗户，一个泡泡窗户就做成啦，注意观察它与普通窗户的不同。（图2）

第五步：分别用沾了泡泡液的手指、拳头和小窗户穿过大窗户的泡泡膜，观察现象。（图3）

图1

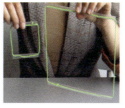
图2

图3

2.实验现象：

（1）纯水吹不出泡泡，而泡泡液能吹出泡泡；

（2）泡泡窗户中间是一层透明的泡泡膜，泡泡窗户的两边是弯曲的；

（3）泡泡窗户用蘸湿的手指、拳头和小窗户都打不破。

3.实验原理：

表面张力是使液体表面积收缩的力，水的表面张力很大，水凝结在一起难以被吹开，所以清水吹不出泡泡。

洗洁精中含有表面活性剂，大大降低了水的表面张力（能降到原来的三分之一），甘油增加了泡泡膜的厚度，所以当窗户从泡泡液中拉起时，中间会有一层非常稳定的泡泡膜。由于表面张力的存在，所以窗户的两边被拉成了弧形（弯曲的）。

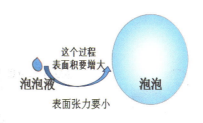

泡泡窗户为什么戳不碎、打不破、撞不坏？首先表面张力被大大降低，所以形成的泡泡膜非常稳定；其次，蘸湿的手指、拳头、小窗户使它们与大窗户泡泡膜接触地方的表面张力完全相同，所以泡泡膜能保持平衡因而不容易被打破。

怎么样，泡泡窗户打不破的秘密你知道了吧！亲身实践，知行合一，同学们，恭喜你们在通往科学的道路上又前进了一大步！

试一试

1.参照实验，自己在家动手做个泡泡窗户，也可以开动脑筋发散思维，尝试不一样的泡泡玩法。

2.用剪刀要注意安全，低年级同学要有家长或老师的指导。

3.如果泡泡膜不够稳定，可以向泡泡液中再加入几滴甘油，并检查棉线是否太细。

查一查

泡泡窗户上的泡泡膜是无色透明的，还是有美丽的彩色条纹？为什么？

拓一拓

知道了泡泡窗户打不破的原理，请同学们留心观察：生活中还有哪些物品、现象也应用了这个原理呢？开动脑筋想一想利用这个原理还能设计哪些好玩的实验呢？

活动展示

评价指标	材料选择	实验操作	现象分析	仪器归位
作品1	★★★★☆	★★★★★	★★★★★	★★★★☆
作品2	★★★★★	★★★★★	★★★★☆	★★★★★
作品3	★★★★★	★★★★★	★★★★★	★★★★☆
作品4	★★★★★	★★★★☆	★★★★★	★★★★★

活动反思

见微知著，睹始知终。本活动将生活中常见的"窗户"和学生喜欢玩的泡泡结合起来，引发了一场奇妙的探秘之旅。既提高了学生的动手能力，体会到科学实验的乐趣，还增强了科学意识，一举数得，充分体现了综合实践活动的基本理念。

活动开始提出"泡泡窗户"打不破的特点，这与学生的生活经验相悖，从而引发学生认知冲突，产生学习兴趣。活动中通过配制泡泡液让学生产生成功体验，对比清水和泡泡液引发学生思考，制作"窗户"提高学生动手能力，戳打"泡泡窗户"则让学生直接感受到了表面张力的存在。这一系列操作充满了趣味性和挑战性，让学生一直积极地参与到活动中来。活动后开放性地拓展新实验，既能加深活动印象，又进行了新思考和学习，实现了良性循环。

本活动用生活中常见的洗洁精和清水让无形的表面张力有迹可循，让学生意识到常见的现象能用科学知识来解释，并从中体验到探索的乐趣，有助于科学素养和实践能力的提升。

乳山市中小学综合实践学校　姜运玲

探秘"浮沉子"

活动背景

　　众所周知，在水中轻的物体会浮在水面，重的物体会沉入水底。那为什么橡皮那么轻，还会沉到水底呢？为什么轮船那么重，还会浮在海面上呢？……科学的世界，永远充满了怪味谜题。正是这种"怪"味儿，让我们对世界，对宇宙，对人生才有了新的见解和认识。这就是科学世界，一切都在我们的探索之中，一切都会因你而改变！

　　本活动旨在培养学生的动手操作和自主探究能力，在探究"浮沉子"浮沉秘密的同时，引领学生关注生活中的浮沉现象，从而获得热爱科学的素养和志向。

活动目标

　　1. 通过自制简易"浮沉子"，了解物体的浮沉条件，探索"浮沉子"浮与沉的奥秘。

　　2. 能够用分析的方法研究影响物体在水中浮沉的因素，获得热爱科学的素养和志向。

　　3. 通过感受浮沉现象应用于人们的日常生活、生产技术和科学研究中的巨大作用，体验科学与生活的密切联系。

活动重难点

　　重点：学会制作"浮沉子"，并探索出它是靠改变自身体积大小来实现浮与沉的秘密。

　　难点：瓶中装水量的掌握及探究"浮沉子"的浮沉奥秘。

活动准备

　　空矿泉水瓶、空小药瓶（口服液瓶）、口服液瓶盖（或曲别针）、细铁丝等。

活动过程

"大鱼披铁甲，活动在水下，眼睛背上长，海盗怕见它。"（打一物）

同学们猜出来了吗？跟我一起来寻找答案吧！

🔍 你知道吗？

世界上第一艘潜艇是荷兰发明家科尼利斯·德雷贝尔于1620—1624年间研制成功并进行试验的。他制作了一艘木制框架，外包有皮革的小艇，艇缝外涂油，艇内有羊皮囊。向囊内注水，艇就会下潜，可潜入水下3～5米的深度。把羊皮囊里的水排出艇外，艇就能浮上水面。这是世界上第一艘人力潜艇，也是现代潜艇的雏形。

🔍 想一想

物体的浮和沉与什么有关系呢？让我们从家中找一些简单的材料探究一下吧！

准备材料：空矿泉水瓶、小药瓶（口服液瓶）。

🔍 学一学

1.实验步骤：

图1　　　　　图2　　　　　图3　　　　　图4

第一步：在空矿泉水瓶内装上水，离瓶口稍微有一点距离，不要全部装满。（图1）

第二步：在空的小药瓶中装上大约一半的水。（图2）

第三步：将小药瓶拿起倒立放进矿泉水瓶中，盖上矿泉水瓶的瓶盖。（图3）

第四步：用力挤压矿泉水瓶，注意观察小药瓶的变化。（图4）

注意事项：小药瓶中的水必须装一半左右，矿泉水瓶必须盖上盖子，否则会影响实验效果。

2.实验现象：

用力挤压矿泉水瓶身，小药瓶就会下沉；松开手，小药瓶又浮了上来。通过控制手上的力度，小药瓶还可以停留在矿泉水瓶中的任何位置。

3.实验原理：

太神奇了，我们竟然能控制这个小药瓶的浮沉！这是什么原理呢？

挤压矿泉水瓶，小药瓶内的空气被压缩，更多的水进入小药瓶，此时药瓶的重力大于浮力，所以就会下沉；松开矿泉水瓶，小药瓶内空气体积增大，水被排出药瓶，此时重力小于浮力，所以就会上浮。这个既能上浮也能下沉的小药瓶，我们就叫它"浮沉子"。

原来如此，科学真是太神奇了！

🔍 *试一试*

同学们想不想用"浮沉子"玩一个"水底大营救"的游戏呢？Let's go!

1.在小药瓶瓶口处绕一圈细铁丝，做出一个钩子。

2.另找一根细铁丝，做成一个圆环，把小药瓶的瓶塞拴在上面。

3.把瓶塞放进矿泉水瓶中当作"遇险者"，把制作好的"浮沉子"当"营救者"。通过控制手挤压矿泉水瓶的力度，让"浮沉子"沉到水底，勾住圆环，松手后，"浮沉子"带着瓶塞上升，就能成功"救出"遇险者"。

4.剪或绕铁丝的时候要注意安全，低年级同学做此实验要在家长或老师的帮助下进行。

🔍 查一查

在生活中你还见到或知道哪些物体应用了"浮沉子"这个原理呢？可以通过书籍或网络进行查询，也可以向父母或老师请教。

🔍 拓一拓

"浮沉子"原名"笛卡儿潜水器"，最早是由法国科学家笛卡儿在十七世纪为了示范浮力定律而发明的。2020年11月10日，由我国自主研发的载人潜水器"奋斗者号"在世界上最深的海沟——马里亚纳海沟成功坐底，坐底深度10909米，创造了中国载人深潜新纪录，也是世界上首次同时将3人带到海洋最深处。你想了解有关它们更多的信息吗？快去找一找吧！

活动展示

① ② ③ ④

"浮沉子"制作评价量表

评价指标	材料选择	实验操作	现象分析	实验效果
作品1	★★★★★	★★★★★	★★★★★	★★★★★
作品2	★★★★★	★★★★★	★★★★☆	★★★★☆

评价指标	材料选择	实验操作	现象分析	实验效果
作品3	★★★★★	★★★★★	★★★★☆	★★★★★
作品4	★★★★★	★★★★☆	★★★★☆	★★★★★

活动评析

　　利用身边随手可得的生活用品进行设计、制作简单的小实验装置，是综合实践活动四大主要活动方式之一。学生通过亲手制作，体验用低成本做出高智慧、高价值的科学实验的乐趣，不仅对学生理解物体的浮沉条件可以起到很好的帮助，而且真正达到"参与实践促成学习和理解"的目的。

　　本节综合实践活动，以学生身边常见的瓶子和水为原材料，随手易得、简单易学。活动前，教师可以引导学生猜测"小药瓶"中应该装多少水合适？然后放手让学生自己去尝试。学生通过一次次的失败最终总结出："小药瓶"中的水不能太多，否则它就会沉到大瓶子底部，任你怎么使劲捏也浮不上来。同理，"小药瓶"中的水也不能太少，否则，不用捏瓶子它也能浮在水面上。活动中，学生在一次次的尝试中体验着浮与沉的乐趣，尤其是在此基础上设计的"水底大营救"游戏，更是大大地调动了小学生的科学探究兴趣，学生在尝试"营救"的游戏中，感受到了科学的奥妙和乐趣，也感受到成功"营救"的喜悦。活动后，教师可以继续引导学生去探索利用"浮沉子"原理设计更多的小游戏，发挥学生的生产性力量，培养其实践创新能力。

　　最后，在"拓一拓"环节，为学生介绍了当前我国最新潜水器——"奋斗者号"载人潜水器的相关知识，使学生对潜水器的发展史有更浓厚的兴趣，使学生了解祖国的科技成就；体验学以致用；培育民族自信心和自豪感。

乳山市畅园学校　迟英红

 会魔法的温度计

👑 **活动背景**

　　超市购物时，我们会发现一排排的瓶装饮料都没有装满，各种品牌的酒类、油类也同样如此，难道是厂家在偷工减料吗？Oh，No，No。这是因为液体有个"给点阳光就灿烂"的小脾气！液体为什么会如此傲娇呢？其实，一支小小的温度计，就能完美地诠释其中的奥秘。

　　本活动意在学会利用身边材料制作简易温度计，探究液体的"小脾气"，揭示出温度计的秘密，激发学生热爱科学的兴趣，培养创新精神，提升善于发问、主动探究的科学素养。

活动目标

　　1. 通过自制简易温度计，探究液体热胀冷缩的性质，揭示其测量温度的秘密。

　　2. 利用身边的器材独立进行实验，及时记录数据，科学分析结论，提高主动观察、自主探究、科学分析等能力。

　　3. 通过掌握热胀冷缩的知识解决生活中的问题，让科学服务于生活，提升学以致用的意识和能力。

活动重难点

　　重点：探索温度计的秘密，感受液体热胀冷缩的性质；运用所学科学知识解释生活现象，解决实际生活问题。

　　难点：锻炼自主探究的学习能力，提升科学素养。

活动准备

　　水、带胶塞的小瓶子（或未开封的口服液）、细吸管、溶于水的颜料、水杯、热水、冷水。

活动过程

身上一把尺，肚里一条线，夏天线儿长，冬天线儿短。（打一常见用品）

是的，谜底就是温度计。会魔法的温度计可以忽上忽下，升降自如，是不是很神奇？来吧，我们一起揭开它的神秘面纱！

🔍 你知道吗？

1593年，意大利科学家伽利略发明了世界上第一支温度计——空气温度计。因受气压波动的影响，不很准确，使用也不方便。1654年，他的学生斐迪南又发明了酒精温度计，它的样子和今天的温度计一样。温度计为什么能测量温度呢？让我们开始今天的趣味探究吧。

🔍 想一想

居家实验，没有专业的实验器材，怎么办呢？不要着急，转动聪明的大脑，我们就可以找到替代品。用带胶塞的小瓶子代替平底烧瓶，或未开封的口服液代替烧瓶和染色的水，细吸管代替玻璃管。

熟悉器材：水、带胶塞的小瓶子（或未开封的口服液）、细吸管、溶于水的颜料、水杯、热水、冷水。

🔍 学一学

1.实验步骤

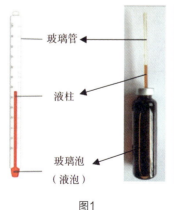

图1

图2

图3

第一步：瓶子装满被染色的水，塞紧胶塞，插上吸管（或直接把吸管插进未开封的口服液里），做成一支简易温度计，明确简易温度计的构成。（图1）

第二步：把简易温度计放入热水，观察液柱变化，等液柱不再变化时做好标记。（图2）

第三步：再把简易温度计放入冷水，观察液柱的变化。（图3）

> **注意事项：** 吸管不要太粗；水要加满；橡胶塞要塞紧玻璃瓶。

2.实验现象

简易温度计放入热水中时，液柱会上升；放入冷水中时，液柱会下降。

3.实验原理

太奇怪了，简易温度计内的液柱竟然能自己上升或下降。是温度计真的会魔法，还是小瓶子里的水量变多或变少了？这是什么原理呢？

哈哈，温度计当然不会魔法啦！简易温度计放在热水里，温度计内的水受热，微粒之间的距离变大，体积膨胀，液柱便会上升；放在冷水里，温度计内的水遇冷，微粒之间的距离变小，体积收缩，液柱就会下降。所以说，液柱的上升或下降是因为水的热胀冷缩，并不是简易温度计里的水量发生变化。

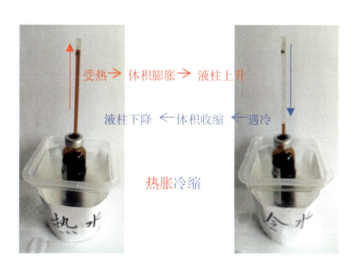

温度计就是利用液体热胀冷缩的性质制成的。

——噢，原来如此！小小温度计，蕴含大道理。科学真是太奇妙啦！

说一说

1.日常生活中的许多现象，往往隐含着科学道理。知道了液体具有热胀冷缩的性质，你一定能科学解释超市里出售的瓶装饮料（水、油、酒等）为什么不装满。

2.科学来源于生活，又要服务于生活。水壶灌满水放到炉子上烧，水还没开，就会溢出来，这是为什么？你有什么办法解决这个问题？

试一试

1.参照实验，自己动手做一支温度计，进一步感受温度计的秘密，体验热胀冷缩的原理吧。

2.开动脑筋，创意无限，你一定能开发出不一样的液体热胀冷缩实验。

查一查

温度计内的液体一般是水银、酒精和煤油，为什么不用水呢？查一查，想一想，很快就会找到答案。

拓一拓

液体具有热胀冷缩的性质，气体是不是也会热胀冷缩呢？你来尝试验证一下吧。

温馨提示：

1. 可以利用喝完的口服液小瓶子、气球和空瓶子、踩瘪未破的乒乓球……

2. 还是不得要领？不要紧，找一找，你肯定还能设计出不同的实验，交出完美答卷！

活动展示

请欣赏一下同学们的实验操作吧，吸取经验，改进自身的不足。

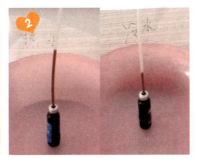

趣味实验《会魔法的温度计》评价量表

评价指标	材料选择	实验操作	现象分析	仪器归位
作品1	★★★★★	★★★★★	★★★★★	★★★★★
作品2	★★★★★	★★★★☆	★★★★☆	★★★★★
作品3	★★★★★	★★★★☆	★★★★★	★★★★★
作品4	★★★★★	★★★★☆	★★★★☆	★★★★★

活动评析

　　科学知识无处不在，而生活即是科学探究的源头活水。趣味实验《会魔法的温度计》中，教师将目光聚焦在日常生活现象上，引导学生对生活问题进行科学猜想，学会利用身边资源探究出温度计的秘密，解决生活问题，提高创新创造和学以致用的能力，在学生心田上撒播了热爱科学、勇于探究的种子。

　　《中小学综合实践课程指导纲要》指出"综合实践课程是动态开放性课程，强调从学生的真实生活和发展需要出发，选择并确定活动主题"。基于此，教师从细处着眼，启发学生从"超市购物"这一寻常经历入手，去发现问题，提出问题——瓶装饮料为什么不装满，助燃学生主动探索、深入思考的火花。实验器材全部取自学生身边的材料，用简易材料验证高深的科学道理，让学生体会到原来科学探究并不神秘。

本课设计了三个小活动：探究液体热胀冷缩的秘密、揭秘温度计内为什么不用水、探索气体是否有热胀冷缩的性质。教师以此为载体引导学生通过动手实验、科学分析、查阅资料、深度思考等方式，探究实验原理，揭示温度计的秘密。后两个环节是教师捕捉学生活动动态形成的生成性问题，这是活动的拓展延伸和升华。教师悉心的激励、启迪与点拨，鼓起了学生科学探究的风帆，用一幅幅照片、一段段视频诠释了温度计的秘密。学生对整个活动进行系统的梳理和总结，促进了自我的反思与表达，达到反思成败得失、提升个体经验、完善知识建构的目的。

《会魔法的温度计》突出学生成长导向，将科学和生活紧密联系，将知识技能与实践操作紧密结合，通过扎实有效的活动，激发学生的学习潜能，丰富科学知识和文化积淀，养成朴素的科学素养，能够去发现更多的科学奥秘，探寻更广阔的未知世界。

乳山市第一实验小学　李兰

第六章 玩转科技篇

　　玩转科技是以"培养学生科技创新意识和实践探究能力"为培养目标，以生活中常见物品为制作材料，引导学生在居家生活中，开拓创新思维，提高动手能力。用"爱科学、学科学、用科学"的理念让学生的居家生活丰富多彩！

　　玩转科技就是让孩子们动手去创造一件作品，所用材料也大多是空纸盒、牙膏皮、泡沫塑料、罐头筒、废圆珠笔芯、坏了的玩具、铁丝、铁片等家中常见的物品。针对学生居家学习实际，本章所开发的案例简单易学，方便易做，学生利用一般工具就能独立完成，用时为半天或一天，符合青少年耐久力差但渴望成功的心理特点，易推广普及。学生们可通过老师发布的案例获取制作原理、步骤，在动手操作中激活已有的知识，运用已有的知识储备去探究、解决现实问题，创造性地完成作品制作。

　　播种科技的种子，奠定科学素养的根基，相信"玩转科技篇"定能为学生插上科技梦想的羽翼。

 小台灯

活动背景

　　台灯，是家中的一种照明工具，是我们生活中常用的物品，大家都知道台灯在家中不但能照明而且能起到很好的装饰作用。

　　台灯的制作材料易得，方法简单，比较适合小学生进行制作，可以利用身边的废弃材料，像废旧电线、灯管等，与普通的灯泡或电子元件组合在一起，充分发挥学生的想象力，在动脑、动手制作小台灯的过程中，不但能培养学生的设计兴趣，充分发挥学生的科学探究意识，还能提高动手能力、审美情趣和创新精神。

活动目标

　　1.通过查阅资料了解台灯的构造和原理，掌握制作小台灯的步骤与方法。

　　2.通过制作小台灯，培养学生工艺设计的兴趣，提高学生的动手、创新和审美能力。

　　3.感受设计和制作的乐趣，增强环保意识，培养耐心、严谨的科学品质。

活动重难点

　　重点：掌握制作小台灯的基本步骤与方法。

　　难点：能够巧妙利用材料，将创新性、实用性与美观性完美结合。

活动准备

　　废弃小台灯的灯管一根、约20cm长的废旧电器的电线两根、口杯、USB接口、人体感应开关、电源开关、灯泡、手电钻、钳子、壁纸刀、热熔枪、电烙铁等。

活动过程

猜谜语：

玲珑精巧一瓜藤，放在桌面像盆景，

白天谁也不理它，晚上靠它放光明。

（打一物）

🔘 你知道吗？

1879年10月21日，美国发明家爱迪生发明了电灯。后来人们开始对电灯的功能不断进行拓展，设计出了外形美观、功能实用的形形色色的电灯。只要学会简单的电路知识和方法，我们自己也可以利用身边容易找到的、甚至是已经废弃的材料，动手制作一盏漂亮而实用的小台灯。

🔘 想一想

同学们想一想如果自己动手制作小台灯，需要做好哪些准备呢？

首先，要知道台灯的构成：灯罩、支架、灯座、开关、灯泡、电源线等。

其次，要知道简单的电路知识：

基本的电路包括：电源、开关、导线、用电器等部分。

电源：为用电器提供电能的装置。如发电机，电池等。

开关：在电路中，控制电路通断的装置。

导线：把电源、开关、用电器、连接起来起导电作用的金属线。

用电器：在电路中消耗电能的装置。

电源　　　　　导线　　　　　开关　　　　　用电器

制作小台灯所需要材料找不全怎么办呢？我们可以根据小台灯的构成要素和原理，结合自己所要设计台灯的功能、外观等，进行变通和调整，比如：底座只要是能起到固定作用的东西即可，找不到废弃的盒子，可以用夹子替代；灯罩没有合适的，可以自己用纸杯，画上亮丽的图案也能制作出别具一格的小台灯。

熟悉工具：手电钻、钳子、壁纸刀、热熔枪、电烙铁等。将上述图中所示的部件连接在一起，形成一个完整的电路，就可以使用电器工作，今天我们进行的小台灯制作的基本原理如右图所示。

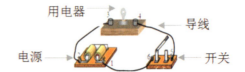

🔍 学一学

第一步：加工底座和开关。

1.先在用作台灯底座的废旧化妆盒盖进行开关安装，用手电钻根据开关形状钻孔，然后用钳子去掉多余铁皮，要小心手别被铁皮划伤。

2.将开关按进孔内，然后用热熔枪在盒盖背面将开关边缘固定。

第二步：固定弯管，连接导线，安装电源盒。

1.将弯管准备好，将固定螺丝拧下后，固定于化妆盒盖约三分之二处，将螺丝拧紧。

2.将两根导线穿入弯管，再将其中一根用作开关线，将其断开，分别用电烙铁焊接于开关的两端。

3.将伸于盒内的两根导线从化妆盒后端位置引出，安装上插头。或者直接连接于化妆盒内的电源盒正负极，注意用作开关线的一端连接正极，另一端连接负极。（本例是连接220V电源）

第三步：制作灯罩，连接灯口。

1.将用作灯口的组件在口杯上用笔标记好大小。

2.用剪刀裁剪好适合的形状后，将灯口插入，然后用热熔枪在内部固定。

3.连接弯管，将两根导线分别固定于灯口的正、负极。

🔍 做一做

同学们，下面你就可以根据上面学习到的方法，开动自己的脑筋，动手制作自己喜欢的小台灯了。

温馨提示：

1.制作过程中要收拾好裁剪完的废弃材料，做好卫生。

2.在使用钳子、电烙铁、热熔枪时要规范操作，注意安全。

🔍 拓一拓

同学们还可以在材料和功能方面多动脑筋，比如简单的手动开关，可以改为：光学敏感开关、声控开关、人体感应开关；灯罩也可以用塑料材料代替；电源也可以焊接上USB转接头上，直接插到电脑或移动电源上。

活动展示

指标＼作品	创意新颖	操作技能	做工细致	色彩搭配
①	★★★★☆	★★★★☆	★★☆☆	★★★☆☆
②	★★★★☆	★★★★☆	★★★★★	★★★★★
③	★★★★★	★★★★☆	★★☆☆☆	★★☆☆☆
④	★★★★★	★★★★★	★★★☆☆	★★★★★
⑤	★★★☆☆	★★★★★	★★★☆☆	★★★☆☆
⑥	★★★★☆	★★★★☆	★★★★★	★★★★★

活动分析

生活中处处有科学，小台灯科学原理易懂、制作简单，容易引发孩子们的兴趣，可以引导孩子们注意观察生活，养成学生科技改变生活的意识。

本次实践活动，课前让学生通过查阅制作方法、准备制作材料，培养了学生的搜集能力；活动中先是对所需基本电路知识进行简单介绍，然后是方法与过程的讲解，最后学生根据材料进行自主设计制作，过程中体验到动脑、动手的乐趣。

由于材料千变万化，制作形式也会是灵活多变，一百名同学可能会有一百种思路，但万变不离其宗，孩子们可以在此基础上大胆创新，设计出独出心裁的小台灯。

乳山市西苑学校　常军

我的航天梦——水火箭的设计与制作

 活动背景

　　水火箭作为一项科技作品越来越受到广大青少年的喜爱，它是学生进行反作用力现象研究比较典型的案例。制作水火箭的主要材料饮料瓶，它的取得既便利又环保，使活动的开展不受条件性资源的制约，活动可行性很强。水火箭的设计与制作这一活动综合性比较强，其中既有属于考察探究学习领域的关于水火箭的腾空原理的探究，又有属于设计制作学习的活动。

　　本活动既可以活跃学生身心，丰富课余生活，同时也是一个提倡爱科学、学科学、用科学的良机，因此这是一个很有意义的实践活动。

活动目标

　　1.通过查阅资料了解我国火箭发展史，理解火箭和水火箭的升空原理；

　　2.熟悉水火箭设计制作步骤，能分析影响水火箭升空飞行的要素；

　　3.能做出并成功发射水火箭，培养独立思考及解决问题的能力。

活动重难点

　　重点：熟悉水火箭设计制作步骤，能分析影响水火箭升空飞行的要素。

　　难点：理解火箭和水火箭的升空原理。

活动准备

　　2个2升的可乐空瓶、头锥、尾翼、胶带、60cm×60cm绸布1块、丝线、热熔枪等。

活动过程

　　2020年注定会成为我们每个人刻骨铭心的记忆！但，疫情阻挡不了我们的梦想！你想像小鸟一样在蓝天自由地飞翔吗？今天，老师将带领大家实现这个梦想！

你知道吗？

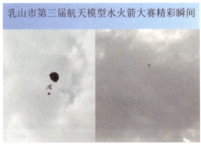

想一想

同学们，你知道这是在进行什么活动吗？——发射水火箭。

乳山市已经组织了三届航天模型水火箭竞赛活动，你参加过吗？每年乳山市都会举办一期航天模型水火箭竞赛活动，你想不想也放飞一下自己的心情？今天，我们就一起来学习制作水火箭吧！

探究火箭和水火箭的发射原理

世界航天第一人美国火箭专家詹姆斯·麦克唐纳称中国的万户为青年火箭专家，是人类第一位进行载人火箭飞行尝试的先驱。

4月24日中国航天日，是纪念中国航天事业成就和发扬中国航天精神的纪念日。

探秘火箭发射的原理

火箭发动机工作时，燃料和氧化剂在燃烧室内燃烧，产生高温燃气，燃气通过喷管向下高速喷出，利用产生的反作用力将火箭向空中推进。

探秘水火箭发射的原理

将箭体出口堵住，往箭体里打气，会在箭体中形成一定的压力，打入适量的气体后，将封堵的瓶口打开，水会就喷涌而出，给地面一个作用力，同时地面给箭体一个反作用力，推动箭体上升。

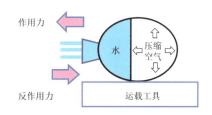

 做一做

1.认识水火箭的结构组件

水火箭是由箭头—伞仓—降落伞—平衡舱—动力舱—平衡舱—尾翼等部分组成的。

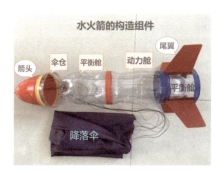

2.材料准备：

2个2升的可乐空瓶、头锥、尾翼、胶带、60cm×60cm绸布1块、丝线。

3.工具：

剪刀、热熔枪。（注意枪头温度高，小心烫伤）

🔍 **学一学**

具体步骤与方法

1.以2升装的可乐瓶为例，将一个可乐瓶按图示分成三个部分。

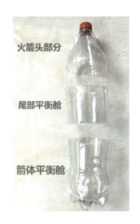

2.制作动力舱：用一个完整可乐瓶，确保无破损。

3.制作火箭头：在截取的可乐瓶前半部分（火箭头部分）穿插一根较粗的丝线（可用三根降落伞丝线），用瓶盖把丝线固定。把头锥（可以用废旧纸板制作）套在前部，用胶带环绕固定。

4.制作降落伞。剪去60cm×60cm绸布的四个角，形成一个8边形，在 8 个角上分别缝上60cm长的丝线。将8根丝线与火箭头上的线系在一起。

5.制作箭体平衡舱：将截取的可乐瓶后半部分（箭体平衡舱）套在另一个完整瓶体（动力舱）的尾部，用胶带粘牢。

6.制作尾部平衡舱：将截取可乐瓶的中间部分（尾部平衡舱），套在完整可乐瓶瓶口部分，用胶带粘牢。

7.安装尾翼：在尾部平衡舱上均匀地安装上尾翼（可以用废旧纸板制作），用胶带缠绕加固。

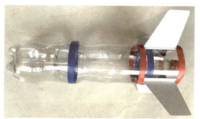

8.把火箭头和降落伞连接处的丝线，用热熔胶枪固定在箭体底部。

　　一个完整的水火箭就做好了，放在发射架上，用打气筒打足气，就可以进行放飞啦！

试一试

　　春风解"疫"，花开有时，疫情过后，让我们一起放飞自我，放飞梦想，期待同学们能在第四届乳山市航天模型水火箭竞赛中取得佳绩。

拓一拓

1.影响水火箭上升高度的因素有哪些？

2.影响水火箭在空中停留时间的因素有哪些？

活动展示

作品评价

作品＼指标	创意新颖	操作技能	做工细致	色彩搭配
①	★★★★☆	★★★★☆	★★★☆☆	★★★☆☆
②	★★★★☆	★★★★☆	★★★★★	★★★☆☆
③	★★☆☆☆	★★★★☆	★★☆☆☆	★★☆☆☆
④	★★★★☆	★★★★★	★★★★☆	★★★★★

活动分析

　　《水火箭的设计与制作》是中小学综合实践活动课程指导纲要152个推荐活动主题之一——"模型项目的设计与制作"。本次活动采用自主探究学习式、实践操作式、亲身感受等多种学习方式。通过提供图片和录像资料，让学生对"水火箭"有产生浓厚兴趣和强烈的探究欲望，让学生自主进行"水火箭"设计和制作，并引导学生参加"水火箭"比赛。

　　本活动中火箭的运行原理是物理的反作用原理，我们围绕当前学习主题，按"最邻近发展区"的要求建立起最基本的概念框架——搭脚手架，真正做到教学走在发展前面。

　　本项活动培养了学生热爱科学事业，献身科学事业的理想和情怀。激发了学生民族自豪感、社会责任感和历史使命感，其效果和对学生灵魂、情感的撞击度要远胜于平常的其他情境和其他方式。

乳山市中小学综合实践学校　李辉

乳山市海阳所镇中心学校　于娜

闪光的五角星

活动背景

　　发光二极管（LED）是一种常用的发光器件，可高效地将电能转化为光能，不仅可以用来照明，也用于夜间装饰。

　　制作一串可以在夜间闪光的五角星，所需要的材料在生活中也较为常见，也容易找到合适的替代品，只要掌握并联电路的知识，就能比较轻松地完成制作。在制作过程中，不仅能了解串联电路和并联电路的知识，提升学生的科学素养，也能体验3D纸模型的制作过程，感受二维到三维的转换过程，提高学生的动手能力，培养学生的空间观念和审美情趣。

活动目标

　　1.通过查阅资料，了解发光二极管（LED）的概念、特点和用途，通过操作实验，学会使用串联电路和并联电路。

　　2.通过五角星的制作，掌握制作3D纸模型的方法，感受二维到三维的转换。

　　3.通过制作闪光的五角星，感受科技的魅力，提高动手能力，培养细心、耐心的意志品质，感受数字时代的手工设计，培养审美情趣。

活动重难点

　　重点：掌握制作闪光的五角星的步骤与方法，学会使用并联电路。

　　难点：学会使用并联电路。

活动准备

　　七彩快闪LED灯珠5个、51Ω电阻5个，两种颜色导线若干、开关、5号电池2个、2节5号电池盒、电工胶布、电烙铁、焊锡丝、斜口钳、热熔胶枪、A4白卡纸（厚度140～180克）、普通打印机、速干白乳胶、剪刀、曲别针、直尺、牙签等。

活动过程

一闪一闪亮晶晶，

满天都是小星星。

孩子们，准备好了吗？

那就开始制作一串绚丽多彩、闪闪发光的五角星吧！

你知道吗？

七彩快闪LED，它是一种自带芯片的LED灯珠，与其他LED灯珠一样，长脚为正极，短脚为负极，通电即可闪烁出炫目的光彩。LED是单向导电的，如果反接，虽然不会烧坏，但也不能点亮。同学们晚上出门散步时，经常可以看到建筑物和树上那一串串绚丽多彩的灯光，只要我们学会并联电路，结合以前学习的知识，就可以利用七彩快闪LED和生活中常见的材料制作出一串属于自己的"闪光的五角星"，让它在夜间放出绚丽的光彩。

理一理

同学们，我们在动手制作"闪光的五角星"之前，应该理一理思路，这样我们才能稳妥有序，一步一步顺利地制作出来哦。

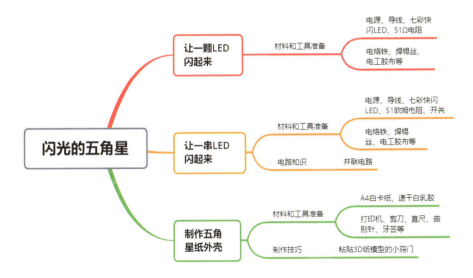

在制作过程中，难免存在材料找不全的问题，如果没有七彩快闪LED，也可以用其他颜色的LED代替，但会失去闪烁效果，电阻选择51~100Ω，七彩快闪LED可

以不用，其他颜色的5毫米LED灯珠则必须加。像其他的材料，如果能够找到替代品，都可以灵活使用。

🔍 学一学

理清了闪光的五角星的制作思路，下面，我们就来学一学如何来实验和制作吧。

第一步：让一颗LED闪起来。

将七彩快闪LED的两脚向外侧掰一下，按电路图将电源、导线、七彩快闪LED、51Ω电阻连接起来，装上电池，如果看到七彩快闪LED闪烁，则说明，连接成功，可以用电烙铁熔点焊锡点在连接处，让连接更加稳固。

第二步：让一串LED闪起来。

要让一串（5颗）LED都闪烁起来，能不能把它们都串联起来呢？答案是否定的，将5颗LED串联起来，就需要更高的电压，在不更换电源的情况下，我们应该怎么办呢？这就需要使用并联电路，并联是将2个或多个同类或不同类的电子元件首首相接，同时尾尾相接的一种连接方式，这种电路中电子元件的连接方式，叫并联电路。

1.将剩余4颗七彩快闪LED两脚向外掰一下，负极（短脚）与51Ω电阻连接好。

2.按电路图用红黑两色导线，分别将5组七彩快闪LED和电阻，首首连接，尾尾连接，装上电池，观察5个七彩快闪LED是否正常闪烁，若正常闪烁，拆下电池，在各元件连接处点上焊锡，使连接更加牢固。

3.在合适位置剪断电池盒上的黑线（红线也行），将线剥好，一头接开关中间的脚，另一头接开关两边任何一个脚都可以，点上焊锡，滴上热熔胶，并在所有连接处缠上电工胶布，防止短路。

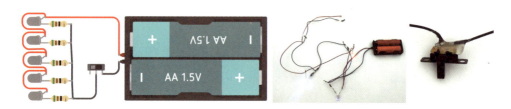

第三步：制作3D纸模型五角星外壳。

下图是一个完整的五角星的图纸，可以用打印机复印后，划痕、裁剪、粘贴。

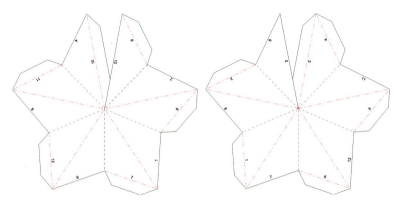

图纸上有三种线和一些数字，红色的虚线（·—·—·）是谷折线，即折弯后，像一条山谷，面向自己，是凹的；蓝色的虚线（— — —）是山折线，即折弯后，像一条山脊，面向自己，是凸的；黑色的线（————）是剪切线，需要用剪刀沿着黑线裁剪；数字都是成对出现的，比如，两个数字10对应的边应该是粘在一起的。

1.借助直尺，用曲别针在虚线处划痕，然后用剪刀沿实线剪切，将五角星的两个组件依次剪下来，同样操作，将其他四个五角星的组件剪下来，然后，沿山折线和谷折线进行弯折。

2.将七彩快闪LED放在两片组件之间，按图纸上各边的序号，一一对应，用速干白乳胶黏合，注意，有字的一面是朝内侧的，导线通过的地方可以用剪刀剪一个小口子，方便导线通过。

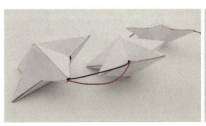

做一做

同学们，下面就可以动手制作自己的"闪光的五角星"了。

温馨提示：

1.在制作过程中要注意卫生，剥掉的线皮、裁剪下的纸屑等废弃材料要收拾好，白乳胶不要乱抹。

2.在使用剪刀、电烙铁、热熔胶枪等时要规范操作，注意安全。

拓一拓

同学们还有没有别的方案来设计出色彩斑斓的灯光效果呢？除了常见的开关，还有没有其他的触发灯光效果的方案呢？如果用普通的纸，又该怎样设计呢？用彩色卡纸，做镂空效果会怎样呢？结合剪纸来做又会有怎样的效果呢？3D纸模型又是怎样设计出来的？实际上，它的设计需要先用3D建模软件进行建模，然后用纸艺大师将其展开成二维的图纸。大家可以充分发挥自己的创意，根据自己的想法去尝试，感受数字手工的魅力，享受DIY的乐趣。

活动展示

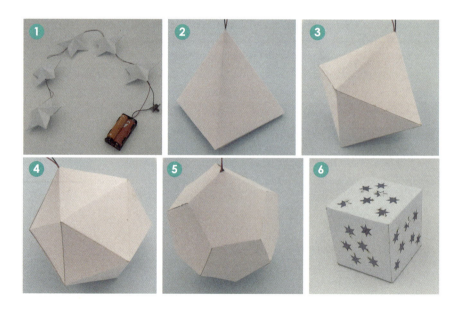

作品评价

作品＼指标	创意新颖	操作技能	做工细致	色彩搭配
①	★★★★☆	★★★★☆	★★★★★	★★★☆☆
②	★★★☆☆	★★★★☆	★★★★★	★★★★★
③	★★★★★	★★★★☆	★★☆☆☆	★★★☆☆
④	★★★★★	★★★★★	★★★☆☆	★★★★☆
⑤	★★☆☆☆	★★★★★	★★★☆☆	★★★★★
⑥	★★★★☆	★★★★☆	★★★★★	★★★☆☆

活动分析

制作"闪光的五角星"的活动体现了STEAM理念，是一次对多学科知识的融合与实践，活动有趣，作品炫酷，学生在学习和制作过程中，可以学习科学知识，感受二维到三维的转换，也能培养细心耐心的优秀品质，提高动手能力和审美情趣。

"闪光的五角星"的制作是电子电路与数字手工的结合，难度适宜，对学生而言，有较大的发挥空间，非常适合学生体验DIY的乐趣。活动前，学生需要简单查阅资料，初步了解本次活动的基础知识，搜集活动材料，了解工具的使用方法。活动中，通过思维导图，对整个制作过程进行梳理，理清思路，然后对涉及的知识点和工具的使用进行介绍，寓学于做，循序渐进，学生在一步步完成作品制作的过程中，不仅学习了知识，也体验了手工的乐趣。活动后，学生得到的不仅仅是亲手制作的一件炫酷的作品，更重要的是学会如何去DIY。

DIY的过程从不是一帆风顺，天马行空的创意必然带来制作过程中的一个个难关，这是对学生心性的一次磨炼，克服这一个个难关的过程，带给学生的不仅仅是知识技能的收获，更重要的是成长。

乳山市畅园学校　隋杰峰

气球小汽车

🔔 **活动背景**

　　孩子们都很喜欢吹气球，然后放气，让它在空中飞舞，小汽车也是孩子们喜欢玩的玩具，如果把玩吹气球跟玩小汽车结合到一起，利用了气球向后喷出的气体的反作用力，推动小车前进，是学习反冲现象的很好的实例。

　　气球小汽车制作材料容易找到，像瓶盖、小车轴辘、吸管、气球等，同学们在动手制作的过程中，可以充分发挥自己的想象，将它们组装成各种各样的小汽车并进行装饰。既能提高同学们的动手、审美能力，还能培养审美情趣，体验科技制作带来的乐趣。

活动目标

　　1.通过利用反冲原理，掌握制作气球小汽车的方法与步骤。

　　2.通过搜集材料制作气球小汽车，提高动脑、动手、审美能力。

　　3.感受设计和制作小汽车带来的乐趣，养成严谨、细致的科学品质，培养学生的创新精神。

活动重难点

　　重点：学会制作小汽车的步骤与方法。

　　难点：小汽车设计的美观性与制作的实用性体现。

活动准备

　　气球、纸板（饮料瓶）、轮子（瓶盖）、橡皮筋、吸管、剪刀、胶带（502胶）等。

活动过程

　　天空中飘着几朵白云，风推着云儿慢慢地走。

看，一只小气球，它一边唱一边飞来了："啦啦啦，啦啦啦，我是快乐的小气球，谁有困难我来帮。"

"咦，那不是一辆小汽车吗？让我来帮它跑得快！"

🔍 你知道吗？

当一个物体向前运动，其余物体会向相反方向运动，这个物体受到冲力，其余物体受到这个物体给它的作用力向后运动，就叫反冲力。我们看到的喷气式飞机、火箭发射、水上的汽艇等都是利用了反冲力原理。汽车有的利用石油作为动力，还有利用电瓶、太阳能等作为动力，同学们你知道吗？我们还可以利用气体的反冲力，让小气球帮助小汽车跑起来，它不用电池，也不用推动就可以跑动。

🔍 想一想

同学们想一想如果自己动手制作小汽车，需要做好哪些准备呢？

首先，要知道小汽车的构成：车身、车轱辘、启动装置等。

其次，制作小汽车的科学知识也是要知道的：

牛顿力学第三定律（作用与反作用定律）吹胀的气球放气时，气球会对空气产生作用力，根据牛顿力学第三定律，空气也会对气球产生反作用力，因此推动气球往放气的反方向运动，而气球与小车连在一起，自然小车也会跟着运动。

制作小汽车所需要材料非常简单易找，车身可以采用很多废旧材料，像废旧小车的车身、方形木板等可以与车轴固定的材料都可以，四个轱辘则可以选择废旧的轱辘、瓶盖等，也可以自己动手制作，然后自己进行设计装饰，给它增添一份美感。

🔍 学一学

第一步：把所需要的材料准备好。

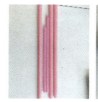   

| 吸管 | 瓶盖 | 气球 | 硬纸板 | 强力胶 | 胶带 |

第二步：将瓶盖用锥子或者尖锐的物品在瓶盖中间钻一个合适的孔，要小心不要扎到手哟，同样扎好四个瓶盖。

第三步：将较细的吸管插入钻好孔的瓶盖，然后将稍宽的吸管插入细吸管，就做完一个车轱辘；同样方法做四个轱辘。

第四步：用强力胶把轱辘固定在吸管上；然后把吸管粘在刚才裁剪好的纸板上。

第五步：用橡皮筋把气球和吸管缠好，并用胶带把它们固定在车子的底盘上。

第六步：把制作好的小车吹满气，然后放到路上进行测试。

第七步：调整吸管的方向，当小车跑得平稳时，把吸管的方向固定住。所有的工序都做好了，找个空旷平稳的地方，就可以让你的爱车狂奔了。

🔍 做一做

同学们，下面你也根据自己准备的材料，开动脑筋，制作自己喜欢的小汽车。

温馨提示：

1.制作的过程中，要收拾好裁剪完的废弃材料，做好卫生。

2.在使用锥子和强力胶时要规范操作，注意安全。

3.同学之间可以相互借鉴、相互帮助。

🔍 拓一拓

同学们还可以多动脑筋，对制作材料进行更灵活地利用，本着实用和美观的原则，进行大胆地创新，比如车身的材料不一定是板形材料，也可以是其他的材料，车轱辘可以尝试用塑料瓶的瓶盖或其他的圆形物品等。甚至你还可以尝试把小汽车设计成水陆两用功能。

活动展示

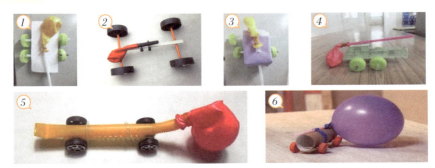

作品评价

指标 作品	创意新颖	操作技能	做工细致	色彩搭配
①	★★★★☆	★★★★☆	★★★☆☆	★★★★★
②	★★★☆☆	★★★★☆	★★★★★	★★★★★
③	★☆☆☆☆	★★★☆☆	★★☆☆☆	★★☆☆☆
④	★★★★★	★★★★★	★★★★★	★★★★★
⑤	★★★☆☆	★★★★☆	★★★☆☆	★★★★☆
⑥	★★★★☆	★★☆☆☆	★★★☆☆	★★★★★

活动分析

　　本次小汽车的活动案例，由于材料易得、制作简单，又给同学们提供了很大的想象空间，容易激发学生的兴趣，在制作过程中体验到开动脑筋的快乐，感受到科学的奥秘。

　　活动前让学生查阅"反冲力"知识，并准备材料；活动时先讲解了有关反冲力的相关知识以及汽车的构成等基础知识，最后让学生自主创作。在动作制作过程中同学们相互合作，相互借鉴，培养了团结协作的精神，提高了动脑动手的能力，培养了耐心细致的科学品质。课后，同学们可以在玩自己亲手制作的小汽车中进一步探究科技的奥秘。

　　学生在此次实践活动中能充分感受到动手制作的快乐，相信他们会举一反三，发挥聪明才智，制作出千变万化的小汽车来。

乳山市西苑学校　李志红

 闪亮的小徽章

现在的大部分小学生自我约束能力较弱，习惯养成比较困难，坐姿不端正，身体与课桌之间的距离不正确，学生的不良习惯是长期形成的，很难改正。动手做个能随时提醒坐姿的小徽章，既有利于学生身体健康，又能发挥其科学探究意识，提高动手制作能力。

闪亮的小徽章较易激发学生的兴趣，制作简单，所用材料除电子元件需网上购买，其他材料容易找到，学生只需按照方法根据自己的设计进行制作，在制作过程中能够充分调动学生的创新意识，养成良好的科学品质。

活动目标

1.通过查阅资料了解闪亮的小徽章的组成要素和了解小徽章的制作原理，学习制作闪亮的小徽章的方法。

2.通过活动，培养学生探究的欲望，培养学生的创新精神与能力。

3.感受制作小徽章的乐趣，培养学生敢于创新的科学品质。

活动重难点

重点：学会制作闪亮的小徽章的步骤与方法。

难点：闪亮的小徽章实用性、创新性、美观性的巧妙体现。

活动准备

针线、剪刀、铅笔、蜂鸣器1个、LogicDC电源板块1块、Grove连接线2根、电源连接线1根、9伏电池1块、不织布（红、黄、白）各1块。

活动过程

孩子们，让我们一起来回忆一首好习惯儿歌吧！

站如松，坐如钟。

行如风，卧如弓。

🔍 你知道吗？

大家在看书、写字时坐姿不正确，会导致弯腰驼背、眼睛近视、脊椎侧弯等问题，严重的还要动手术恢复健康，所以我们一定要养成良好的看书或写字习惯！

有的同学可能会说自己在写字或看书时不自觉地就忘记了正确的姿势，如果姿势不正确时，会得到提醒那应该多好呀！老师告诉大家，今天要制作的小徽章，就能帮助我们实现这一愿望。通过简单的电子元件，像蜂鸣器、倾斜开关等，制作一个小徽章挂在身上，当我们坐姿不正确时，小徽章就会自动发出警报，提醒我们纠正坐姿。

🔍 想一想

同学们想一想如果自己动手制作闪亮的小徽章，需要做好哪些准备呢？

首先，要知道小徽章的构成：针线、剪刀、铅笔、蜂鸣器1个、电源板块、电源连接线等。

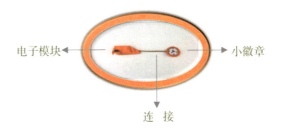

电子模块 ← → 小徽章

连　接

其次，制作闪亮的小徽章，简单的电路知识也是要知道的：

基本的电路包括：电源、倾斜开关、电源板块、蜂鸣器等部分。

电源：为用电器提供电能的装置叫电源。如电池等。

开关：在电路中，控制电路通断的装置叫开关。

制作闪亮的小徽章所需要材料找不全怎么办呢？我们可以灵活根据自己对徽章构成要素和原理，根据自己要设计功能，进行变通和调整。熟悉工具：不织布、剪刀、铅笔、热熔枪等。

将上述图中所示的部件连接在一起，形成一个完整的电路，就可以使用电器工作，今天我们进行的闪亮的小徽章制作的基本原理如下图所示：

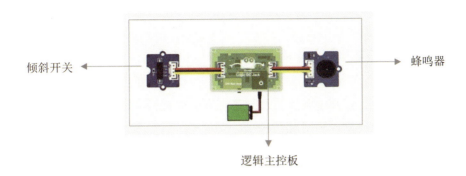

倾斜开关

蜂鸣器

逻辑主控板

🔍 学一学

第一步：电路连接。

1.连接倾斜开关和Logic DC电源模块。

用Grove连接线连接磁力开关和Logic DC电源模块。需要注意连接的接口方向。

2.连接Logic DC电源模块和蜂鸣器。

将Grove连接线连接蜂鸣器和Logic DC电源模块的右端，注意接口的方向。

3.连接电源把9V电池用电源连接线连接到Logic DC电源模块上，打开电源开关，再把倾斜开关倾斜，蜂鸣器就会响了，如果倾斜开关启动，蜂鸣器能发出声音，就说明我们的电路连接没有问题。

1-1

1-2

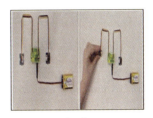

1-3

第二步：制作闪亮的小徽章。

1.拿出橙色的不织布，先用铅笔在上边画出两个圆形，并用剪刀沿着画好的形状剪下。

2.取出白色的不织布，用铅笔画出一个圆形，用剪刀将其剪下。

3.将剪好橙色圆圈和白色圆圈叠在一起，取出针线，将橙色圆圈与白色圆圈缝在一起，做徽章的底部。

4.缝制完后，将缝好的徽章表面，用签字笔画出时间坐标。

5.取出红色的不织布，在上边画出一个小圆圈，用剪刀将其剪下。

6.将剪好的红色圆圈固定在徽章的中心，再用签字笔将表的指针画出来。

7.将倾斜开关调整角度固定在徽章内，用热熔胶枪将徽章的正反面固定（里边还可以塞入适量棉花）。

8.用热熔胶枪将徽章夹子固定在背面。

9.取另一张橙色的不织布，将电子模块包在里面，并用热熔胶枪固定。

10.制作完成后，打开电源拨动开关，当你稍微倾斜时，里边的倾斜开关倾斜，蜂鸣器便会响起，这样就会起到提醒作用。

2-1　　　　2-2　　　　2-3　　　　2-4　　　　2-5

2-7　　　　　2-8　　　　　2-9　　　　　2-10

🔍 做一做

同学们，下面你也根据自己准备的材料，开动脑筋，制作自己喜欢的小徽章吧。展开想象的翅膀，发挥创意的潜能，体验制作的快乐！

温馨提示：

1.制作的过程中，要收拾好裁剪完的废弃材料，做好卫生。

2.在使用剪刀、针、热熔枪时，要规范操作，注意安全。

3.同学之间要相互学习，取长补短，学会合作。

🔍 *思一思*

同学们还可以多动脑筋，思考其他的制作形式，除了利用倾斜开关和蜂鸣器，还可以利用哪些材料来帮助我们纠正错误的坐姿，除了身体倾斜能触发警报，是否能利用电子元件对我们的头、肩膀、腿等进行提醒呢？

🔍 *拓一拓*

在学校里，老师经常教导大家，看书写字要注意正确的姿势。以预防近视，可同学们近视的越来越多，怎么办呢？相对于坐姿不正确，有没有其他的因素影响我们的视力呢？像错误的握笔姿势、书本的摆放等因素。围绕这些问题，大家可以根据这节课学习到的知识，充分开动脑筋去解决实际问题，设计和制作出实用而又精美的作品。

创意的海洋是无穷无尽的，课后同学们要发挥自己的想象力，利用这节课所学的知识，结合生活实际，善于观察和思考，做出对我们生活更加有帮助的小制作来，让我们的世界变得更加丰富多彩！

活动展示

作品评价

作品 ＼ 指标	创意新颖	操作技能	做工细致	色彩搭配
①	★☆☆☆☆	★★★★☆	★★★★★	★★★★★
②	★★★☆☆	★★★★☆	★★★★★	★★★★★
③	★★★☆☆	★★☆☆☆	★★☆☆☆	★★☆☆☆
④	★★★★★	★★★☆☆	★★★★★	★★★★★
⑤	★★★☆☆	★★★★☆	★★☆☆☆	★★★★☆
⑥	★★★★☆	★★★★☆	★★★★★	★★★☆☆

活动分析

　　闪亮的小徽章是综合实践活动的研究性学习，引导学生获得体验。通过自己的坐姿，发现问题，从而了解坐姿的重要性。激发学生参与活动的兴趣，增强从自我做起，学生独立动手，相互讨论的氛围，营造具有一定开放性和创造性的活动。

　　本节课以"闪亮的小徽章"内容，取材于生活，难度适宜，是学生根据能力，喜好选择材料，体验小徽章的乐趣。课前中，教师引导学生对自己、同桌进行调查和观察坐姿正确程度，为下一步做好充足的准备。活动中，孩子们兴致勃勃地投入，动手操作，相互交流，根据个人的兴趣进行操作。活动之后，体验自己制作的小徽章，坐姿上起到一定的监督作用。

　　闪亮的小徽章，以学生动手探究为主要活动形式，让学生在广泛参与活动的过程中养成良好的坐姿。创意无处不在，也是用之不竭的。总之，只要敢想敢做，就一定会成功。加油！

乳山市西苑学校　胡红霞

自感应灭火器

活动背景

　　灭火器，应用越来越广泛。无论是家庭，还是单位，都能看到它的影子。近几年的几场山火，在扑灭过程中，灭火器发挥了举足轻重的作用，成为消防员最好的伙伴。

　　遗憾的是，在几场重大火灾的扑灭过程中，多名可爱的消防员为此献出了自己的宝贵生命。看着那么一群可爱的人，生命被无情的火灾夺去，我们的心中能不感到哀伤吗？为了挽救那些鲜活的生命，能否发明一款自感应灭火器，在火势还没有蔓延前就把火扑灭，从而防患于未然呢？请你发挥自己的聪明才智，一起来解决这个问题，让我们成为一名消防员保卫战士吧。

活动目标

　　1.通过查阅资料了解灭火器的构造和原理，掌握简易自感应灭火器的制作步骤与方法。

　　2.通过制作自感应灭火器，增强动手操作能力，提升作品设计意识，享受设计的乐趣。

　　3.在设计和制作过程中，养成专注、独立思考和解决问题的意识和能力。

活动重难点

　　重点：掌握制作自感应灭火器的基本步骤与方法。

　　难点：设计灭火器的电路，合理安排各模块在木板上的布局，连接各个元器件。

活动准备

　　空矿泉水瓶、火焰传感器、继电器、多路电源板、杜邦线、热熔枪、水泵等。

活动过程

猜谜语：

一身衣裳红通通，帽子戴在头顶中，

瞧见火焰气炸肚，口吐白沫倒栽葱。

🔍 你知道吗?

1834年，伦敦，一场大火几乎完全烧毁了英国议会大厦所在地古老的威斯敏斯特宫。在众多的观火者当中，有一位名叫乔治·威廉·曼比的人，他被火灾的无情震撼了。以后，曼比专注于火灾救生事业中。他最卓越的贡献是发明了手提式压缩气体灭火器，这种灭火器是一个长两英尺，直径八英寸，容量为四加仑升的铜制圆筒，和今天的灭火器基本上相同。他把灭火器放在他专门设计特制的手推车里，他希望配备这种灭火器的巡逻队，能够立刻扑灭初起的小火，从而减少爆发重大火灾的次数。小朋友，你想和曼比一样，做一名勇敢的灭火勇士吗？那就让我们一起来学习简易灭火器的制作吧。

🔍 想一想

想一想，人们是如何灭火的呢？当人们看到着火之后，立刻确定起火的地点，然后再向着火点喷水，直到火被扑灭。那么，我们如何模仿人们灭火的过程，来设计一个简易的自感应灭火器呢？

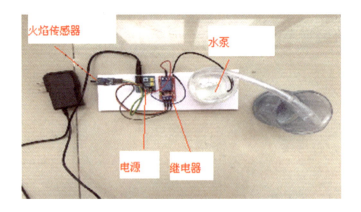

首先火焰传感器感知到火焰，然后发送信号给继电器，继电器的开关合上，水泵开始抽水工作，扑灭火焰。这就是自感应灭火器的工作过程，下面让我们一起设计电路吧。

火焰传感器　水泵　　　　　　　　　继电器　多路电源板

多路电源板负责给火焰传感器、继电器和水泵供电，这是并联电路；火焰传感器的信号传递给继电器，控制继电器的开关；继电器和水泵相连，感受到火焰传感器传递过来的有火信号，则抽水灭火，反之，则处于断路状态。

上述各个元器件用杜邦线连接起来，并固定在硬纸板上，自感应灭火器就制作好了。

🔍 学一学

第一步：将各个元器件固定在硬纸板上。

1.根据设计的电路图，各电子元件该如何排列在硬纸板上呢？火焰传感器感知外界的火焰，所以应该位于硬纸板的边缘，其他元器件可根据自己的喜好确定位置，但要考虑好连接导线时，线不能过乱；

2.热熔枪很神奇，可以吐出胶水样的粘稠物质，将各个元器件固定在硬纸板上。但使用热熔枪要注意，热熔胶融化后温度很高，所以要小心烫伤。其次热熔枪接通电源后，需要预热3~5分钟，才能使用。

继电器　　　　　　　　　多路电源板　　　　　　　　火焰传感器

第二步：根据电路图，连接导线。

1.多路电源板负责给火焰传感器、继电器和水泵供电，将其5V OUT的针脚与正极相连，GND与负极相连。

2.多路电源板就像我们吃的食物，为整个系统提供动力。我们先小心地把三个标有5V OUT的引脚用杜邦线与火焰传感器的VCC引脚、继电器的DC+、继电器的

COM端口相连，再把三个GND引脚和火焰传感器的GND引脚、继电器的DC-，水泵的负极（黑色线）相连；水泵的正极与继电器的NO或NC相连（不同品牌的继电器有不同的规定），这样所有的元器件就有工作的能量了。

3.用剪刀剪去矿泉水瓶的顶部，当作一个蓄水池，并固定在硬纸板上，水泵接好出水软管，放入矿泉水瓶底部。

4.为多路电源板插上电源。

第三步：测试。

1.在矿泉水瓶中倒入清水，没过水泵。

2.按下多路电源板的电源开关，此时如果水泵工作，则断电后将水泵的正极与继电器的另一个接口相连。

3.在火焰传感器附近打开打火机，看水泵是否工作，水泵抽水则工作正常。

🔍 做一做

同学们，下面你就可以自己动手制作一个自感应灭火器了。

> **温馨提示：**
> 1.制作过程中要收拾好裁剪完的废弃材料，做好卫生。
> 2.使用剪刀、热熔枪时要注意安全，连接杜邦线时，不要被锋利的针脚扎伤。

🔍 拓一拓

除了用水灭火，日常生活中，我们还可以用风灭火，水泵就可以用风扇代替。为了让整套系统可以自由活动，我们可以将硬纸板放在小车上，通过自由移动随时监视起火点。这些功能我们都可以增加，聪明的你，想到了吗？你还有哪些有趣的想法呢？

活动展示

作品评价

指标 作品	创意新颖	操作技能	做工细致	色彩搭配
①	★★★★☆	★★★★☆	★☆☆☆☆	★★★★★
②	★★★☆☆	★★★★☆	★★★★★	★★★☆☆
③	★★★★★	★★☆☆☆	★★☆☆☆	★★☆☆☆
④	★★★★★	★★★★★	★★★★★	★★★★★
⑤	★★★☆☆	★★★★☆	★★★★☆	★★★★☆
⑥	★★★☆☆	★★☆☆☆	★★★☆☆	★★★★★

活动分析

　　自感应灭火器的制作过程需要综合运用物理、美术等相关学科的知识，综合运用各学科的能力，才能完成作品的制作。制作过程中，学生不但可以学到电路方面的知识，还能感受到团队合作的精神，提高自己的审美能力和动手能力，提升思维水平。

　　自感应灭火器的制作，需要综合运用最基础的电子电路和数字电路的相关知识，难度稍高，但又在小学生的认知范围内。活动前，孩子通过人工灭火的过程，了解灭火的大体步骤，为后续的电路设计打好基础。准备各种电子元器件的过程中，也能够了解电子元器件的作用，熟悉引脚。活动中，学生设计电路，并用杜邦线进行电子元器件的连接，边做边思考电流的流向，提升抽象思维能力。作品完成后，也可以思考从哪些方面进行完善，树立优化意识。学生学到的，不仅仅是一件作品的制作过程，更重要的是举一反三，在DIY的过程中，学习到如何思考，如何提升。

乳山市午极镇中心学校　于春雷

第七章 劳动种植篇

　　劳动创造了人类文明。劳动文化是中华民族优秀传统文化的重要组成部分，没有正确的劳动观，就没有健全的人生观。劳动教育正是学生成长过程中的重要组成部分，它既能让学生锻炼体魄、生发智慧，又是培养正确劳动价值观的重要途径。

　　在学生的眼里，每种植物的根、茎、叶、花、果实、种子都有讲不完的故事，这些深深地吸引着他们。但学生对于许多作物的种类、生长特性、种植方法等并不了解。通过劳动种植的课例学习，学生可以在细心观察、积极探索、交流探讨中体会到种植的乐趣，在活动中锻炼劳动技能，在整个学习和实践的过程中体验劳动和收获的快乐。

种植多肉植物

活动背景

　　多肉植物是指植物营养器官肥大的高等植物，在园艺上，又称肉质植物或多肉花卉，但以"多肉植物"这个名称最为常用。多肉植物作为盆栽，因其造型可爱、品种多样受到大家的喜爱。多肉植物不仅易于成活，而且放在电脑旁还可以减少辐射、舒缓身心，非常适合居家上网课的学生种植。

　　本活动旨在引导学生关注生活、热爱生活。通过学习探究了解多肉植物的种植方法，在实践过程中，培养生活情趣，提高动手能力。使学生在欣赏之余，感受劳动之美。

活动目标

　　1.通过查阅资料，了解种植多肉植物的种植技巧。

　　2.通过自主探究，掌握多肉植物的种植方法。

　　3.通过思考不同的搭配，培养自己的审美情趣和美化生活的能力。

活动重难点

　　重点：学习多肉植物的种植方法。

　　难点：通过不同组合，展现不同的生活情趣。

活动准备

　　多肉植物约8株、中花盆1个、小花盆2～3个、花土适量、剪刀、铲子、盛水小壶、彩色石子、多菌灵稀释液。

活动过程

　　"得地自成丛，那因种植功。有花皆吐雪，无韵不含风。倒影翘沙鸟，幽根立水虫。萧萧寒雨夜，江汉思无穷。"

🔍 你知道吗？

同学们，我们离开学的日子越来越近，大家都期待着一起拥抱满园春色。当我们再次相遇的时候让我们带上自己种植的多肉，带上我们播种的盎然春意和大家一起共赏吧！现在老师就和大家一起来看看多肉植物是如何种植的。

🔍 想一想

观察图片思考：如何利用手中已有的物品、工具来搭配种植多肉植物？

写一写：你首先需要用到什么呢？

🔍 试一试

1.适量土壤，喷洒适量水，搅拌成湿土。（水不可过多，以土都湿润到为准）。

2.清理根部泥土、修剪多余根系。（注意适度，去除死去的枯根即可）。

3.将修剪好的花根放在多菌灵里浸泡2～3分钟。（多菌灵有防腐烂、保持花根生命力的作用）。

4.将浸泡好的花株放通风口处晾干，备用。（幼根脆弱，不可暴晒，3～4分钟，晾干为宜）。

5.配制好的湿土盛盆，以备栽花。（量的多少，以花盆的大小来定，约占花盆的3/4为宜，之后用铲子整平）。

6.用铲子挖坑、插入花根、压土扶植根茎。（坑的深度以将花根牢牢包裹住为准，种植花的株数，以欣赏的美观度为准。）

7.美观度处理，铺洒彩色石子。（彩石子均匀铺洒）

 拓一拓

我来当主播！

录制自己种植的微视频：提前做好规划，写下必要的步骤，将你的制作过程展示给伙伴及老师们看吧，期待你的亮眼作品哦！

活动展示

评价指标	健康状况	光照状况	美观程度
①	★★★★	★★★★	★★★★★
②	★★★★★	★★★★★	★★★★★
③	★★★★★	★★★★★	★★★
④	★★★★	★★★★	★★★★
⑤	★★★★	★★★★★	★★★★
⑥	★★★★★	★★★★★	★★★★

活动反思

综合实践活动课程是落实劳动教育的主要课程之一。本节实践活动旨在通过动手实践掌握多肉植物的种植方法。本次活动，培养了学生们对生活的热爱，增加了美化生活的意识，树立了对劳动种植的兴趣和信心。

活动前期通过"想一想"环节，引导学生观察漂亮的多肉盆栽及其需要的工具材料。这就需要学生自主思考、自主探究。再通过"试一试""拓一拓"等系列活动，让学生在动手实践中掌握多肉植物种植的方法，并提示学生可以自己用手机记录制作过程，通过本环节可以巩固所学技能，增加对劳动种植和美化生活的兴趣。

整个活动的开展有方法，有审美，有劳动，将知识技能与生活美化紧密结合。活动中通过自主学习种植方法，体验劳动过程，通过展示种植成果，感受劳动的美好，既培养了劳动精神又提升了生活情趣。

乳山市教学研究中心　于晓君

乳山市下初镇中心学校　谭辉

草莓香自"芽"中来

活动背景

　　草莓，一种"野火烧不尽，春风吹又生"的草本植物。它的果实是我们最喜爱的水果之一。如果足不出户就想要拥有美味，比如草莓沙拉、草莓果酱、草莓酸奶……那神奇的草莓种子就能实现你的愿望。

　　学生通过学习，了解草莓种子的萌发过程，在动手给草莓种子催芽和盆栽的实践中能够体验种植的乐趣，获得生命成长的成就感。草莓既可食用又可美化环境，也可增加学生对生活的热爱之情。

活动目标

　　1.通过查阅资料了解草莓种子的种植知识。

　　2.在动手操作中掌握草莓的种植方法，发展对家庭种植的兴趣。

　　3.观察从种子萌发到幼苗成长的过程，培养做事的耐心和对幼小生命的爱心。

活动重难点

　　重点：草莓的家庭种植方法。

　　难点：草莓种子的催芽和日常护理。

活动准备

　　草莓种子适量、催芽容器一个、花盆1个、花土适量、盛水小喷壶1个、纸巾或卫生纸、保鲜膜。

活动过程

　　小草莓，小又小，头上戴顶绿草帽，身上穿着红皮袄。

拿起它，一口咬，酸酸甜甜真叫好。

你知道吗？

草莓原产南美，鲜美红嫩，果肉多汁，酸甜可口，且有特殊浓郁的水果芳香。草莓具有生津开胃，润肺止渴，利尿解暑，清热明目的功效。草莓是当之无愧的"水果皇后"。

与此同时，草莓的植株小，果型优雅，瓜果观赏期长，生命力强，非常适合作为阳台作物。

怎么样，心动了吗？赶紧跟老师一起种起来吧！

想一想

观察图片思考：草莓的种子藏在了哪里？

写一写：你能用什么方法来获得草莓种子呢？

学一学

草莓种植通常要注意几点：

1.种植时间

草莓种子没有明显的休眠期，四季皆可种植。多在春天种植，也可在采集种子当年的7、8月份种植。

2.种子处理

（1）先将种子倒入60~70度温水中浸洗，并不停搅动，直至水温降到25度左右停止。

（2）继续浸泡2~3小时后，捞出用手揉搓，直至种皮干净呈现光泽为止。然后用清水洗干净，便可以使用。

（3）放在25~30度条件下进行催芽。每天三次喷湿纸巾，待露白后即可播种。

（4）给土壤先喷透水，将催芽后的种子按在土壤里，再覆盖细土约0.5厘米。盆上用薄膜覆盖，在幼苗长出两片真叶后，可进行分盆。

🔍 **试一试**

1. 准备一个容器，将纸巾叠好放入。

2. 将处理好的种子放入容器。

3. 种子上再盖一层纸巾，并用水打湿。

4. 盖上一层保鲜膜，保湿保温，每天三次打湿并透气半小时。

5. 等待三到四周后便能生出幼芽，或露白。

6. 小心翼翼地将幼芽和露白的种子按入，覆盖2.5厘米细土并喷水增加湿度。

🔍 **做一做**

1. 土壤管理：盆栽草莓首先要选用肥沃的土壤，每个月抓一把有机堆肥加进盆土里，可以给盆土增肥。特别是在秋季，新根会大量发生，需给盆内添加营养土。

2. 水分管理：草莓要经常浇水，保持盆内土壤湿润，既不能过干也不能过湿。家庭种植容易忽视空气湿度的管理，草莓生长期间空气湿度不能太高，在温度适宜的前提下，浇水后要适当开窗通风降湿。

3.光照管理：草莓喜阳不喜阴，有点微风更好，盆栽养护时应尽量放在阳光充足的地方，否则植株生长旺盛而开花较少。

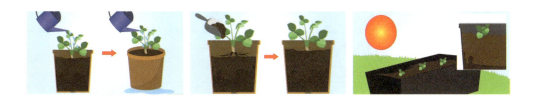

找一找在我们家里除了像草莓这样的水果可以种植，你还能发现哪些自带种子的瓜果可以种植呢？不如用同样的方法试试吧！

活动展示

评价指标	土壤状况	植株密度	光照状况
①	★★★★	★★★★	★★★★★
②	★★★★★	★★★★★	★★★
③	★★★	★★★★	★★★★★
④	★★★★★	★★★★★	★★★★★
⑤	★★★★★	★★★★	★★★★
⑥	★★★★	★★★	★★★★

活动反思

劳动教育是学生德智体美劳全面发展的主要内容之一。本案例着眼于学生们的生活实际，选择了大家普遍喜爱的植物。学生们通过动手，可以掌握草莓种子种植的方法。培养学生良好的劳动品质，提升学生的综合素质，大大增加了对草莓盆栽的兴趣。

在本活动中学生们通过材料阅读，了解了草莓由一颗种子成长到一棵幼苗的相关知识。不仅如此，学生们还自己动手，利用所学的方法尝试在家里做草莓催芽和盆栽。在实践过程中，学生们收获了劳动体验和喜悦。通过成果展示环节，大家可以互相学习，交流经验，能够极大地获得劳动种植的成就感和兴趣。

整个活动中，教师充分发掘生活，通过学习草莓的生长条件，实践草莓的盆栽方法，展示、交流种植成果和劳动经验，积累了学生们关于植物种植的科学常识，增加了对生活的热爱和对劳动实践的探究意识。

乳山市黄山路学校　毕蓓蓓

乳山市南黄镇中心学校　王海霞

月季扦插

 活动背景

　　月季花被称为花中皇后，又称月月红。月季花荣秀美，姿色多样，芳香馥郁，四季常开，深受人们的青睐，被评为我国十大名花之一。月季盆栽、地栽都可，可用于美化庭院、装点园林、布置花坛、配植花篱等，到处都可以看到她那美丽的倩影。月季的繁殖有嫁接法、播种法、分株法、扦插法、压条法等，其中最常见的方法是扦插法。

　　月季扦插这一活动非常适合学生居家活动，自己动手学习扦插技术，培育一盆喜爱的月季花，既经济实用，美化生活，又锻炼了劳动能力，陶冶了情操。

活动目标

　　1.通过查阅资料了解月季的扦插常识。

　　2.在实践操作中掌握月季的扦插技术，提高动手能力与劳动素养。

　　3.感受劳动的快乐，体验成功的喜悦，陶冶学生热爱生活，美化生活的良好情操。

活动重难点

　　重点：掌握月季扦插技术。

　　难点：月季插条的选择和处理。

活动准备

　　剪刀、一次性透明水杯、扦插用的土壤（河沙或蛭石）、月季枝条、生根粉、多菌灵、塑料瓶、海绵等。

活动过程

人有两件宝，双手和大脑，双手能做工，大脑会思考。用手又用脑，才会有创造，一切创造靠劳动，劳动要用手和脑。孩子们，用你勤劳的双手和智慧的大脑，培育美丽的月季花，创造美好生活吧！

你知道吗？

古诗云：花落花开无间断，春来春去不相关（宋·苏轼）；只道花无十日红，此花无日不春风（宋·杨万里）。诗中表达的均是对月季花的赞美，花开四季，可赞常红。我国有52个城市将它选为市花。同学们，你知道我市的市花是什么花吗？正是月季！如果你是一个爱花之人，家中怎么能少得了原产自我们大中华的名贵之花——月季呢！让我们自己动手培育美丽的月季花，让朵朵颜色鲜艳斑斓纷呈的花，把我们的家带入春天吧！

想一想

植物生长需要适宜的土壤、温度、阳光和水分。月季扦插什么季节最好？用什么样的土壤利于月季生长？扦插枝条的选择和处理有什么技巧呢？

熟悉工具：月季枝条、生根粉、多菌灵、塑料瓶、海绵等。

学一学

月季扦插通常要注意以下几点：

1.扦插时间

一般在温度10度以上，20度以下左右即可。最适合月季扦插的时间是春季，夏季，炎热容易失败。

2.枝条选择

到底哪种枝条是最适合扦插的呢，太嫩、太老的枝条都是不适合扦插的，半木质化的枝条最适合扦插，这种枝条活力强，硬度也适中。

从月季植株上选择健壮的枝条剪下来，而最好的插条则是开过花的枝条，因为开过花的枝条养分比较充足，生根是最快的。

3.处理插穗

（1）用锋利的剪刀将枝条短截，大概长度为5~7cm，保留2~3个芽点，4片叶子左右即可。如果留的叶片太少光合作用就低，生根的速度就会比较慢，叶片太多的话，因为没有根，所以消耗的水会很多。

（2）上剪口平剪，下剪口45度斜剪。

（3）将修剪好的月季枝条，浸泡到多菌灵溶液中大概5～10分钟即可，有利于杀菌消毒。浸泡后，将枝条捞出来，放在阴凉通风处稍微晾干一下。

（4）扦插时月季枝条下端蘸一点生根水，使月季生根更快。

4.插穗入土

用透明一次性纸杯做花盆，里面装蛭石（也可用干净的河沙），将插穗插入三分之一，轻压实。扦插好之后要浇透水，让沙子与月季插穗间紧密贴合。

5.后期管理

将扦插的月季枝条放在散射光良好的地方，隔一两天适当浇水，要保持花土湿润。月季生根后，原来留的两片小叶会脱落，新芽会萌发，此时可移到阳光下，大约20天左右生根的月季就可以移栽了。

 做一做

同学们，学习了月季扦插的方法，下面就请你动手动脑，选一株喜欢的月季进行扦插吧！

温馨提示：

1.月季的枝条长满尖刺，拿放要小心哟。

2.最好用锋利的剪刀修剪枝条，要规范操作，注意安全。

试一试

你知道吗？月季扦插还可以用水插的方法，大家不妨用废旧塑料瓶和海绵试一试！

1.用剪刀将海绵裁剪成长3cm，宽、高均为2cm的小

瓶内海绵扦插
海绵块
水深2cm
3cm
2cm

块，然后找根长钉子，沿着高度3cm的地方穿一个孔，穿孔的大小跟月季枝条的粗细差不多即可。

2.将需要扦插的月季枝条，轻轻穿过海绵块，插入深度大概为海绵块的2/3即可。

3.将修剪好的枝条和海绵块一起放入塑料瓶中，用筷子轻轻拨弄一下枝条，尽量让月季叶片舒展，然后缓缓朝着瓶子里倒入干净的水，加入水的深度大概为海绵的2/3即可。

4.将塑料瓶的包装纸撕掉，放在阳台有散照的地方，瓶盖不用盖，以便通风透气，这样手插的方法月季也可以生根。

🔍 拓一拓

同学们，不仅月季可以用扦插的方法繁殖，许多植物也可用这种方法进行繁殖，可以大胆动手试一试，这样不用花一分钱，就可以把自己喜欢的花分享给亲朋好友啦！如果你希望一株月季能盛开不同颜色的花，可以用嫁接的方法实现，只要大家积极动脑，用一双勤劳的双手就能让生活更美好！

活动展示

评价指标	土壤状况	枝条状况	光照状况
①	★★★★★	★★★★☆	★★★★★
②	★★★★☆	★★★★★	★★★☆☆
③	★★★★★	★★★★☆	★★★★★
④	★★★☆☆	★★★☆☆	★★★★★
⑤	★★★★☆	★★★★☆	★★★★☆
⑥	★★★★☆	★★★★★	★★★★☆

活动反思

劳动教育是学生德智体美劳全面发展的主要内容之一，综合实践活动课程是落实劳动教育的课程之一。本节实践活动旨在通过学习月季扦插的方法，培养学生正确的劳动价值观和良好的劳动品质，提升学生的综合素质。

本节实践活动不受活动场地和条件的约束，所用到的材料都是生活中常见的，可操作性强，月季又是大家熟悉喜爱的花卉，因此大家对活动很感兴趣，参与积极性高。通过自主学习和动手操作，学生能够较好地掌握扦插技术。由于月季生根周期较长，后期管理过程中个别学生责任意识差，缺乏耐心，有时忘了浇水，导致植株生长情况不佳。

整个活动的开展朴实、扎实，将知识技能与实际操作紧密结合，通过自主学习扦插方法，亲身体验劳动过程，展示种植成果，交流劳动感悟一系列活动，同学们认识了劳动的价值和意义，培养了热爱劳动的习惯和持之以恒的精神。

乳山市中小学综合实践学校　宫本香

种植睡莲

活动背景

"一叶一浮萍，一梦一睡莲"睡莲又名瑞莲、子午莲等，属于多年生浮叶型水生草本植物，昼开夜合，故名"睡莲"。睡莲花色艳丽，花姿动人，除在外域具有观赏价值外，也可制作鲜切花或干花用于室内观赏，睡莲根能吸收水中铅、汞、苯酚等有毒物质，是城市中水体净化、绿化、美化的难得植物。

居家种植睡莲，既可以掌握种植睡莲的技术方法，学会记录睡莲生长过程中的点滴变化，还可以培养美化环境的能力，提升人人参与、我爱动手的劳动素养。

活动目标

1.通过查阅资料等方式了解睡莲的种植常识。

2.通过实践操作掌握睡莲的种植技术，提高学生动手能力和劳动素养。

3.在种植过程中体验劳动乐趣，陶冶审美情趣，同时启迪学生的智慧，培养创新实践能力。

活动重难点

重点：掌握睡莲种植的方法。

难点：对不同根系的修剪处理；大小不同花盆的选择与装配。

活动准备

剪刀、睡莲根茎、不同尺径的两个花盆、泥土（塘泥、赤玉土或水草泥）、剪刀等。

活动过程

"莲开花覆水，莲谢藕在泥。不学清萍叶，随波东复西。"

告别生活的喧嚣，欣赏花朵的美好。孩子们，用你勤劳的双手和智慧的头脑，把圣洁和美丽种在身边吧！

🔍 你知道吗？

睡莲作为一种国际性的名花，在人类文明发展史中扮演着精彩的角色，被奉为"神圣之花"。同时，它也深受文人墨客的喜爱，有"一池睡莲一池诗"之誉："轻轻姿质淡娟娟，点缀圆池亦可怜"（金·完颜璹）；"终日欢陪解语莲，浮花欲比价相千"（宋·赵希逢）；"浮萍增采色，轻压绿池莲"（宋·李石）……亲手种植一盆睡莲花，用碧绿的莲叶和圣洁的花朵装点我们的家，给炎炎夏日带来缕缕芳香和诗情画意吧！

🔍 想一想

睡莲是水生草本植物，那种植它需不需要泥土？需要什么样的泥土？什么时候种植、怎样种植它才能长得更好、开出数量繁多而又艳丽的花朵呢？

熟悉工具：睡莲根茎、不同尺径的两个花盆、泥土（塘泥、赤玉土或水草泥）、剪刀等。

🔍 学一学

种植睡莲的方法并不难，关键是你要敢于动手、勤于动脑哦！

1.种植时间

睡莲对环境的要求不高，一年四季都可栽培，但一般建议在春天的四月份到六月份这个时间段进行种植为宜，因为这个时候温度不冷不热，十分有利于睡莲的生长。

2.品种选择

睡莲分热带睡莲和温带睡莲两种。热带睡莲花多，夏天每天都有花，但是必须在10度以上过冬；温带睡莲耐寒，北京以南可以露天过冬，但是花量不如热带睡莲大。要根据温度来选择适宜的品种。

3.选择花盆

睡莲种植最重要的是水面的大小，水面越大，叶子越大，并且花径和花量也会越大。所以睡莲一般用套盆法种植，内盆是小花盆，提供土壤，外盆是大花盆，提供水面，这样种的好处是：既和大盆栽一样丰花大花，又和小盆栽一样容易打理。

4.种植方法

（1）网购睡莲收到的一般是裸根，种之前要先处理一下根系，把灰黑软烂的根系剪掉，白色的健康根系尽量保留。

（2）内盆建议用20cm口径，底部要有排水孔，外盆建议用40cm口径，外盆越大越好哦！

外盆无孔　　内盆有孔

（3）配土可用塘泥、赤玉土或水草泥。

（4）水深建议在20～30cm左右，水深指内盆土面到外盆水面的距离，外盆太深的话可以内盆底下垫一块砖。

塘泥　　　水草泥　　　赤玉土
（易浑浊）　（$贵$）　　（易黄水）

水深了可以垫砖

5.日常养护

（1）日常养护需要全日照，光照不足开花会少。施肥推荐用奥绿缓释肥直接埋进内盆的土里，怕浮起来的话就装进塑料小网兜后再埋。

（2）刚开始种下时，可能会出现少量茎叶烂掉的情况，这是正常的生长情况，捞起来扔掉，避免污染水质，等新叶长出来就没问题啦。睡莲的叶子中间有一个生长点，注意不要让它们互相遮挡，否则被挡住生长点的叶子会停止生长，也会烂掉！

生长点不能挡

🔍 做一做

同学们，学习了睡莲种植的方法，下面就请你动手动脑，开始你的种植之旅吧！

温馨提示：

1.刚开始种植时花盆不要选得太大，否则会不太方便哦！

2.使用剪刀时要规范操作，注意安全。

🔍 试一试

你知道吗，睡莲还可以用种子来种植！经过外壳破口、浸种催芽、芽苗定值等步骤后，你也可以得到一美丽宜人的荷花哦！快搜索一下相关资料，然后尝试一下吧！

🔍 拓一拓

同学们，像睡莲这样的水生植物有很多哦！比如有水就能活的水仙、富贵竹、绿萝，还有像睡莲一样有泥土才能长得更好的菖蒲、水竹等。如果你有合适的器皿或场地，还可以种植好吃的菱角和美丽的荷花呢！让我们动手试一试，用鲜花绿草点缀美好的生活！

活动展示

评价指标	水（土）状况	植株状况	光照状况
①	★★★★★	★★★★☆	★★★★★
②	★★★★☆	★★★★☆	★★★☆☆
③	★★★★☆	★★★★☆	★★★★☆
④	★★★☆☆	★★★★★	★★★★★
⑤	★★★★☆	★★★★★	★★★★☆
⑥	★★★★☆	★★★★☆	★★★★☆

活动评析

　　植物的栽培和种植是综合实践活动中一种最基本的劳动体验。种植实践活动可以培养学生懂劳动、会劳动、爱劳动、珍惜劳动成果的精神，增强环保意识、生态意识，为营造绿色和谐环境尽一己之力。

　　本节实践活动以种植睡莲这种常见的水生植物为内容，取材于生活，难度适宜，且学生可根据能力、喜好等采取不同的种植方法，体验不同的种植乐趣。活动前教师引导学生统一网购根茎、莲种，选择大小适宜的花盆，以及足量的各种泥土（塘泥、赤玉土或水草泥），做好充足的物质准备。活动中，孩子们均兴致勃勃地投入，根据课程提供的不同种植方法，有选择性地去一一尝试。因为是亲自动手，所以在之后的管理中，对每一片小荷叶的萌发都伴随着他们兴奋的呼喊和快乐的记录，承载着他们对花开清香四溢的期待。

　　睡莲从萌叶到开花需要好几个月，如果种植莲种的话，可能需要2~3年才能得见花开。这么长的时间，对于孩子的耐心、责任心、养护技术等都是一种磨炼。静待花开的过程，也是孩子心灵和能力成长的过程！

乳山市光明街小学　姜飞

蘑菇从"菌"记

 活动背景

　　蘑菇是不是大家餐桌上的常客呢？你在享受美味之余，你有没有亲手栽种过一株；有没有为它浇水、施肥，看着它一点点成长；有没有品尝过自己的劳动成果呢？本次活动带领大家学习蘑菇的种植。想想能够吃到自己栽种的最新鲜的蘑菇，是不是一件很有成就感的事情呢？

　　通过体验种植，可以培养学生的动手能力，增加生活经验。在观察生命成长的过程中也一定会增加对生活与劳动的喜爱！

活动目标

　　1.通过查阅资料、学习研究，认识各种菌类，了解蘑菇的生长环境及培育方法。

　　2.通过自主探究，培养认真仔细的做事态度，提高动手能力。

　　3.通过过程体验，感受劳动的魅力。尝试多种菌类的种植，展现自己的艺术生活情趣。

活动重难点

　　重点：学习蘑菇的培育方法。

　　难点：尝试多种菌类的种植。

活动准备

　　菌包1个、小喷壶1个、毛巾1个或餐巾纸数张。

活动过程

　　劳动创造美！让我们全心全意地收获生活的每一天，在平凡的日子里感受生命的美好，在种植中感受劳动的快乐和收获的期待。

你知道吗？

蘑菇中含有多种的营养成分，其中蛋白质含量是白菜、马铃薯的二倍，是西红柿、胡萝卜的四倍，蘑菇还含有宝贵的脂肪质、卵磷脂，能够防止胆固醇在人体内的堆积。蘑菇中还含有丰富的维生素E、钙、磷、钾等，具有抗癌、降压、降血脂和理气开胃的功效。

大多数蘑菇的适宜生长温度是10℃—25℃，湿度在80%—90%之间，控制好温度和湿度，很快就会收获满满的。我们还等什么呢，快来动手实践吧！

想一想

动脑思考：

蘑菇是如何繁殖的呢？

蘑菇没有种子，它是靠孢子进行繁殖。孢子萌发形成菌丝体，菌丝体提供吸收外界的营养物质不断地生长，最后发育成蘑菇。

什么是菌包？菌包是用袋装的培养基植料（如棉籽壳、玉米芯、木屑等）接入菌种再经过大棚培养和温控培养做成的。我们可以直接从网上购买菌包。

学一学

菌包出菇的方法有很多，我们一起来学习一下吧！

1.划口保潮出菇法

等菌包袋身菌丝长白后，在白色菌丝的地方划口3~5cm的十字刀，放在阴暗潮湿的环境，保持周围环境的潮湿，带出菇后再朝菇朵上喷水，随着长大加大喷水量、加大喷水频率。

2.毛巾覆盖保潮出菇

打开菌包袋口或撕掉菌包包装袋，在菌包的周围裹上一块湿毛巾每日保持毛巾的潮湿，等待出菇后勤喷水。

3.开袋收拢保潮出菇

打开袋口，将袋口竖起并收拢起来，对菌包周围喷水，保持空气的相对湿度，等待出菇芽后将袋口剪下，对菇朵喷水。

（1）将菌包上面的海绵塞拔掉，袋口拉起，减去一部分，用湿毛巾或餐巾纸覆盖袋口，每天早、晚各喷水一次，使菌包保持透气湿润。此阶段大概7天左右。

（2）大概7天左右，蘑菇宝宝就长出来了，这时候就要将袋口全部剪掉，给蘑菇更大的生长空间，茁壮成长。这期间每天喷水4~8次。大概至第11天左右。

（3）大概第11天左右，蘑菇宝宝吸收了大自然"阳光和雨露"的滋润，有了属于自己的颜色，每天加湿8~12次。

（4）蘑菇宝宝长得很快，它让我们感到惊奇和幸福。每天继续加湿8~12次，至第15天左右。

（5）大概第16天，蘑菇已经长成了，直径长到5厘米左右就可以采摘了。蘑菇的生命很短，长大后要尽快采摘。

（6）采摘时，用大拇指、食指、中指捏住根部，轻轻地左右摇晃就能采摘下来。根部不要有残留，不然会影响菌棒的健康。

（7）采摘之后，马上清洗下锅，会得到从来没有过的新鲜美味体验，蘑菇宝宝把最好的印象留给了你的胃！

一个菌包可以出2~4茬蘑菇，收获一茬之后，可不要把菌包扔掉呀！重复操作，可以继续收获。废弃的菌包物料是很好的花土，可以打散放入花盆里用来养花。

🔍 **拓一拓**

除了用菌包种植蘑菇，我们也可以用盆土进行种植。

准备好腐殖土（就是树叶腐烂的土），先把土在太阳下暴晒两天，杀菌，并且这中间在网上买蘑菇的菌种。把土用喷壶喷湿，然后装盆，把买回来的菌种均匀撒在土上，然后盖上纸巾，表面喷湿。每天喷洒一次水，保持湿润，记得放在背阴处，不要阳光直射，5~10天就可以长出小蘑菇了。

也可以将购买的菌包袋撕开，把里面的培养料倒到容器里，压实，盖上一层松散、潮湿的土壤，保持土面的潮湿度，放在阴凉通风处。

感兴趣的同学可以试一试哟！

活动展示

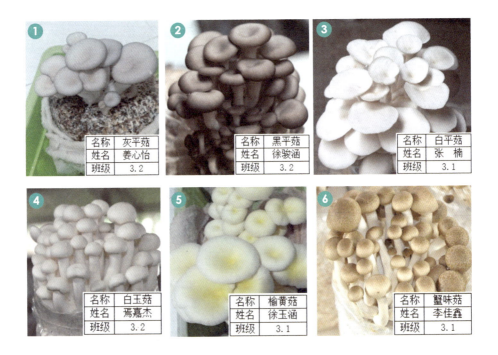

评价指标	出菇情况	植株长势	湿度状况
①	★★★☆☆	★★★☆☆	★★★★☆
②	★★★★★	★★★★☆	★★★★★
③	★★★★★	★★★★☆	★★★★☆
④	★★★★★	★★★★★	★★★★★
⑤	★★★★☆	★★★★☆	★★★★★
⑥	★★★★★	★★★★★	★★★★☆

注意事项

1.蘑菇最佳适宜温度为摄氏10℃~30℃，湿度为80%。

2.放置在厨房、洗漱间等潮湿的地方，周围多放置湿毛巾。

3.切记不要吹风，室内普通光线就可以，不要阳光直射，也不要太暗（金针菇放在室内最暗的角落。

4.刚收到菌包不要喷水，等小蘑菇长到2~3厘米时开始喷水，每天喷水2~3次，每次2~3下。随着蘑菇长大，逐渐增加到每天喷水8~12次。

活动反思

本次综合实践活动，强调从学生的真实生活和发展需要出发，根据学生的认知水平、学习愿望与兴趣，引导学生在生活中积累丰富的实践经验，促进了学生对菌类的认知，掌握菌类的家庭种植方法。

本活动分为理论认知和实践操作两部分。理论认知主要带领学生学习菌类的繁殖方法、认识不同的菌类、了解蘑菇种植的环境以及认识家庭蘑菇种植最常用的菌包，为后面的实践操作打下基础。在实践操作部分，三种菌包出菇方法的学习，让学生有了根据实际自主选择的权利。在接下来蘑菇种植方法的学习中，学生能够根据自己的兴趣出发，从而保证了活动的有效性。蘑菇的生长速度是很惊人的，孩子们通过照顾菌种的生长，亲身体验完整的生命成长的过程，提高孩子们的责任感。

有位专家曾这样说，"生命力源于责任心。"这次活动，孩子可以在操作体验中，满足了对于生命成长的好奇，激发了孩子们关注成长、关注自然、关注生命的意识。孩子的责任感养成，不会一步登天，而是在点滴的累积中才能逐渐有所成效。

乳山市徐家镇中心学校　张莎莎

沃叶根生可盆栽

 活动背景

　　盆栽蔬菜，是指在花盆或其他容器内养殖的蔬菜，它既能观赏又能尝鲜，过年过节还可以作为礼品送给亲朋好友，是庭院、阳台养殖的一个新兴亮点。在这个受新冠病毒影响的居家学习期间，一棵绿色蔬菜，会让你不错过绿意盎然的春天，忘却不能出门的烦恼，感受到成长的伟大力量。

　　本活动旨在引导学生关注生活，提高学生的自主探究意识和实践操作能力，通过学习实践掌握水培蔬菜的种植方法，获得种植的成就感，感受劳动的魅力。

活动目标

1. 通过查阅资料了解盆栽蔬菜的相关知识。
2. 在动手实践过程中，掌握盆栽、水培蔬菜的方法。
3. 通过观察和记录蔬菜的生长过程，培养对劳动种植的兴趣。

活动重难点

重点：学习盆栽蔬菜的种植方法。

难点：用耐心与恒心关注成长。

活动准备

蔬菜的根、茎，花盆或者空的容器，花土适量，剪刀、铲子、盛水小壶。

🔍 你知道吗？

　　"耕地桑柘间，地肥菜常熟。"古人的耕种，体现在桑柘之间。对同学们来说，大家的厨房里是不是经常有剥下来的植物根茎，那你们通常是怎样处理它们的呢？

其实这些植物的根或者是茎即使被剥离了也还有非常强的生命力。只要经过简单的几个步骤，它们便可以成为阳台上的风景。现在就请大家跟老师一起参与到盆栽蔬菜中来吧。

 想一想

动脑思考：

1.植物的生长需要哪些条件？

2.你准备种植一棵什么样的蔬菜？

 做一做

1.将要种植的植物根、茎（图示为芹菜）稍微晾晒，去除表面水分，防止在腐坏。

2.土壤适量，放入容器中，喷洒少许水，让泥土保持湿润。

3.将植物根部插入土中，用手压实。

4.每天观察，根据需要浇水。

🔍 拓一拓

好了，同学们，我们在生活中还自己培育过哪些植物呢，在它们的培育过程中又用到了哪些方法呢？让我们变身家庭小侦探，在生活中找一找可以自己培育的常见植物吧！

别忘了，带着自己的作品展示给同学们看看哦！

活动展示

评价指标	观赏价值	实用价值	培养难度	推广价值
①	★★★★★	★★	★★★★★	★
②	★★★★★	★★	★★★★★	★★
③	★★★★★	★★★★★	★★★★	★★★★★
④	★★★★	★★★★★	★★★★	★★★★★
⑤	★★★★	★★★★★	★★★★	★★★★★
⑥	★★★★	★★★	★★★★	★★

活动反思

本案例从学生的生活出发，取材于日常生活，服务于日常生活，实践无处不在，美无处不在。本案例操作简单，实用性强，是根据学生的动手能力，认知水平，兴趣爱好，因地制宜而开发的，体现了综合实践活动学科的特点。

活动前，通过诗词想象古人的耕种，让学生对种植产生向往。再通过对植物生长的条件的观察，思考本活动实施的必要条件。引导学生们观察生活，寻找适合自己的盆栽植物。活动中，不同的学生选择了不同的植物及培养方式，亲身体验细致入微的观察，感受对成长的期待，进一步了解水与土壤对植物生长的影响，在兴趣的驱动下积极参与，呈现出多彩多姿的成果。

在培养植物的过程中，锻炼了学生的观察能力，提高了他们的自主探索能力，尤其是部分同学不惧失败，不断学习提升，最终体验了收获的喜悦。相信，通过这样的活动，学生会更热爱植物，热爱生活。

乳山市黄山路学校　于鹏

参考文献

［1］韩丛耀. 图像：主体与构成[M]. 北京：北京大学出版社，2010. 4.

［2］康大荃. 摄影美学原理[M]. 成都：四川美术出版社，2006.

［3］中小学综合实践活动课程指导纲要[M]. 北京：教育部. 2017.

［4］张兆顺，崔桂香. 流体力学（第3版）[M]. 北京：清华大学出版社. 2015.

［5］刘建林. 微力无边——神奇的毛细和浸润现象[D]. 北京：中国石油大学. 2015.

［6］中小学综合实践活动课程指导纲要. 北京：教育部. 2017.